节日游戏：放飞儿童快乐梦想

李继东　万亚 / 主编

河海大学出版社
HOHAI UNIVERSITY PRESS
·南京·

图书在版编目（CIP）数据

节日游戏：放飞儿童快乐梦想 / 李继东，万亚主编
. -- 南京：河海大学出版社，2022.8
ISBN 978-7-5630-7243-9

Ⅰ．①节… Ⅱ．①李… ②万… Ⅲ．①游戏—儿童读物 Ⅳ．① G898-49

中国版本图书馆 CIP 数据核字（2021）第 237094 号

书　　名	节日游戏：放飞儿童快乐梦想 JIERI YOUXI：FANGFEI ERTONG KUAILE MENGXIANG
书　　号	ISBN 978-7-5630-7243-9
责任编辑	龚　俊
特约编辑	梁顺弟
特约校对	丁寿萍
封面设计	张育智　刘冶
出版发行	河海大学出版社
地　　址	南京市西康路 1 号（邮编：210098）
网　　址	http://www.hhup.com
电　　话	（025）83737852（总编室）　（025）83722833（营销部）
经　　销	江苏省新华发行集团有限公司
印　　刷	三河市兴国印务有限公司
开　　本	710 毫米 ×1000 毫米　1 / 16
字　　数	121 千字
印　　张	7.25
版　　次	2022 年 8 月第 1 版
印　　次	2022 年 8 月第 1 次印刷
定　　价	58.00 元

主　　编：李继东　万　亚
编写人员：郭夕梅　陆君雅　曹海清
　　　　　丁奕羽　赵韦韦　杨　慧

前言 Foreword

理想教育的应然

安定小学李继东校长带领学校老师扎实推进基于教学主张的教育变革，取得了喜人的办学成绩和育人效果。摆在我面前的这9本专著的样稿，既是他们集体智慧的结晶，也是研究实践成果的集中展示，更是我市教育百花园中绽放的绚烂之花。翻阅着这些书稿，我心中不断涌动着汩汩暖流，正是像他们这样可亲可敬的教师，托起了如皋教育高质量发展的新引擎。我更从书中找到了备受关注又常议常新的话题，那就是"如皋教育为什么行，为什么能，为什么好"的答案，也更坚定了我从事教育工作以来一贯的坚守与追求，那就是我们的教育要始终坚持把立德树人作为根本任务，力求合规律性与合目的性的有机统一。

"规律"，是事物发展过程中的本质联系和必然趋势。教育的"合规律性"，是指我们认识到了教育的内在规律，使教育教学实践活动自觉遵循和符合客观规律的要求，自觉按照规律采取相应的策略和方法，它体现了人的主体性、自觉能动性，也集中展示了教育的科学性和艺术性。无论是古老的《学记》，还是历代中外教育家的教育思想，乃至广大一线教师的研究成果，无不闪烁着教育规律的光芒。马克思在《〈黑格尔法哲学批判〉导言》中指出："理论一经掌握群众，也会变成物质力量。理论只要说服人，就能掌握群众；而理论只要彻底，就能说服人。所谓彻底，就是抓住事物的根本。但人的根本就是人本身。"在这9本书里，我看到了教育规律转变成了育人的力量，品读出了教育规律的彻底性，感受到了被教育规律"说服""掌握"的师生的喜人生态。因为"乐嬉游而惮拘检"是儿童甚至人的天性，因为"对孩子来说，游戏就是学习，游戏就是劳动，游戏就是重要的教育形式"。教育规律，在安定小学，在如皋大地，不再是"灰色的"，而是常青树、常春藤。

"目的"，是人的需要、意图或行动的目标。教育的"合目的性"，是指教育者认识和把握了教育的规律性，在实践中能够按照客观规律达到理想目标的过程。古今中外，每个国家都是按照自己的政治要求来培养人的。我国是中国共产党领导的社会主义国家，这就决定了我们的教育必须把培养德智体美劳全面发展的社会主义建设者和接班人作为根本任务，要传播知识、传播思想、传播真理，塑造灵魂、塑造生命、塑造新人，要在坚定理想信念、厚植爱国主义情怀、加强品德修养、增长知识见识、培养奋斗精神、增强综合素质上下功夫。安定小学的这9本书，多元化的课程，展现的是"五育并举、综合育人"的生动实践；菜单化的选择，让马克思人的发展阶段中的"有个性的个人"成为可能。书中文字的背后，呈现在我眼前的是一个个活泼的儿童，是焕发生命活力的现在与未来。

育人的实践，永远在路上；改革的探索，永远没有终点。秉承安定先生引领教育改革的遗风，我相信：安定小学将会摘取立德树人更为丰硕的创新成果，必将为如皋乃至市外教育高质量发展贡献更大的智慧和力量。

我们共同期待！

如皋市委教育工委书记
如皋市教育局局长　**郭其龙**

节日游戏：放飞儿童快乐梦想

Contents 目录

第一章　传统节日游戏

春节 ··· 2
元宵节 ··· 5
端午节 ··· 7
中秋节 ··· 13
清明节 ··· 16

第二章　传统节气游戏

立夏 ··· 20
立秋 ··· 28
冬至 ··· 31

第三章　法定节日游戏

元旦节 ··· 36
劳动节 ··· 40
国庆节 ··· 42

1

第四章　创意节日游戏

玩具节⋯⋯⋯⋯⋯⋯⋯⋯⋯⋯⋯⋯⋯⋯⋯⋯⋯⋯⋯⋯⋯⋯46
游戏日⋯⋯⋯⋯⋯⋯⋯⋯⋯⋯⋯⋯⋯⋯⋯⋯⋯⋯⋯⋯⋯⋯75
手工节⋯⋯⋯⋯⋯⋯⋯⋯⋯⋯⋯⋯⋯⋯⋯⋯⋯⋯⋯⋯⋯⋯93
演讲节⋯⋯⋯⋯⋯⋯⋯⋯⋯⋯⋯⋯⋯⋯⋯⋯⋯⋯⋯⋯⋯⋯99
风车节⋯⋯⋯⋯⋯⋯⋯⋯⋯⋯⋯⋯⋯⋯⋯⋯⋯⋯⋯⋯⋯⋯105
梦想节⋯⋯⋯⋯⋯⋯⋯⋯⋯⋯⋯⋯⋯⋯⋯⋯⋯⋯⋯⋯⋯⋯106

第一章
传统节日游戏

春 节

一、节日 游戏 我来玩

游戏名称：特色春联

游戏准备：毛笔、墨汁、正丹纸、计时器

游戏玩法：1.将孩子们分为3组，每组3人，同队1人参加比赛。

2.裁判拟定上联后，每组写下联及横批，限时3分钟。

3.裁判根据字数相等、词性一致、切忌合掌（所谓"合掌"，即语义重复，浪费笔墨）、选好横批这四点评判标准给每组打分，满足一个标准得1分，最高记4分，最低记1分。

4.游戏共计6轮，总分最高的小组获胜。

游戏推荐指数：★★★

游戏名称：舞龙灯

游戏准备：3张塑料小凳子、纸张、胶带

游戏玩法：1.将学生分为4组，每组3人。每组成员首先绘画龙灯，龙灯分为龙首、龙身、龙尾3个部分。

2.龙灯画完后，将画贴在凳子上，3人协同顶起小凳子通过规定路线。

3.通过规定路线时，身后人的手不能离开前人的肩膀，否则返回起点。

4.最先到达的小组获胜。

游戏推荐指数：★★★★

二、节日习俗我来讲

（一）放鞭炮

鞭炮源于古代的爆竹，爆竹也叫"炮仗"。放鞭炮有辞旧迎新之说，寓意对新的一年的美好向往，至今已有两千多年的历史。初始主要为了祛除瘟疫，也就是驱逐瘟神疫鬼。

到了宋代才有今天的除旧之意，"爆竹声中一岁除，春风送暖入屠苏。千门万户曈曈日，总把新桃换旧符"便是对此意真实的写照。每年春节的前一天晚上，人们都要放鞭炮，所以大家都不睡觉，欢聚一堂吃饭、玩乐，迎接新的一年，每个人脸上都露出了快乐的笑容。

每当新年钟声敲响的时候，鞭炮声此起彼伏。五颜六色的烟花升上了天空，把新年的夜空照得如同白昼。我最喜欢的是手持的小烟花。爸爸帮我点着了引线，我小心翼翼地将烟花对准了天空，一串串五颜六色的烟花从烟花棒中蹿出来，飞向天空。小烟花虽然没有大烟花那么绚丽，可我依然玩得不亦乐乎。

（二）守岁

守岁是中国民间的年俗活动之一。在除夕夜的时候，我们要点火、守岁火，把所有的灯都打开，把所有的蜡烛都点上，大家欢聚在一起吃饭、玩乐，迎接新的一年到来。在这一夜，所有的灯都不关，所有的人都不睡觉，这样才会使来年家中的财富不断。在守岁的时候，家家户户都要点上灯烛，还要专门在床底下点上灯烛，这就是所谓的"照虚耗"，来年就不用怕老鼠偷吃家里的粮食了，也不用担心鼠灾了。在守岁的时候，一家人都要围坐在火炉旁，注视着炉子里的火，闲聊谈话，一夜都得守在这里，象征着把一切邪瘟病疫都照跑驱散。

现在守岁又增加了很多的乐趣，人们会围坐在电视机前边看电视边守岁。精彩的节目，让除夕夜的氛围变得其乐融融。我们还会在家庭群里面发红包、抢红包，更是快乐无比！

（三）贴春联

　　春联也叫"门对"，是对联的一种，因为在春节时贴在门上，所以叫春联。春联的一个源头是桃符。王安石的一首诗就有"千门万户曈曈日，总把新桃换旧符"。最初，人们用桃木刻成两位门神的样子，挂在门口以辟邪；后来，就直接把门神画在桃木板上；最后，就直接在桃木板上写上门神的名字。春节贴春联普及于明代，与朱元璋的提倡有关系。有一年，朱元璋准备过年时，下令每家门上贴一副春联，庆祝新的一年。原来的春联写在桃木板上，后来因为桃木板太大太重，就改成了纸。桃木的颜色是红色，有吉祥、辟邪的寓意，因此春联大都用红纸写。春联有横批、上联、下联。一到大年三十吃中饭前，人们就将准备好的春联贴在大门上，以保佑一年平安！

　　春节的时候，贴春联的重任就交给了我和爸爸。我们将门上去年的春联取下，擦去门上的灰尘，再按照上下联的位置，将春联贴上去。每次爸爸都会让我念一念春联上的内容，讲讲春联的意思。我特别喜欢贴春联，既加强了我的动手能力，又让我增长了知识。

（四）舞龙

　　新春佳节，在我国许多地方都有舞龙的民俗。舞龙又叫耍龙灯，也称龙灯舞。我国古代的人们觉得龙十分吉利，所以发明了舞龙，以求风调雨顺，四季丰收。

　　舞龙至今已有千年历史，舞龙的表演有"单龙戏珠"和"双龙戏珠"。舞龙常见的动作有蛟龙漫游、头尾齐钻、龙摆尾等。制作龙时要用竹子、铁结扎，还需要用到制作成龙的绸缎等。先搭出龙的骨架，再把做成龙的绸缎往骨架上一披，差不多就好了。为了表示吉利，大多数龙的节数都是单数，如7节、11节、13节等。不过现在这种习俗在有的地方开始渐渐衰落，我希望我们能将这些传统节日的习俗继续传承下去，因为它们会给我们的生活带来更多的乐趣。

元宵节

一、节日 游戏 我来玩

游戏名称：花灯乐

游戏准备：花灯、灯谜

游戏玩法：1.将灯谜贴在花灯上，在地面摆成九宫格或十六宫格形式。参赛者分成两队，每队3~4人。

2.猜拳决定谁是首发队伍。两队轮流派1人前去猜灯谜，猜对1题，可拿走1盏花灯；猜错，则迅速回到队伍末位，继续排队。

3.哪一队率先将拿走的花灯连成一条直线，则获胜。

游戏推荐指数：★★★

游戏名称：运汤圆

游戏准备：轻黏土，每组3双筷子、3只碗、2张桌子

游戏玩法：1.学生分为4组，每组3人。

2.2张桌子摆开一定的距离，分别放汤圆和碗。

3.听到游戏开始口令后，每组的任意第1名学生将黏土揉成汤圆形状后将其夹进碗中；第2名学生将汤圆从第1张桌子的碗中夹起，送至第2张桌子的碗中；第3名学生再将其夹起送至第1张桌子的碗中。

4.过程中，汤圆掉落需重新返回起点。最先完成5轮的小组获胜。

游戏推荐指数：★★★★

二、节日习俗我来讲

（一）耍龙灯

龙是中华民族的图腾，中华民族把龙作为吉祥的象征。很多地方在农历正月十五元宵节这一天，都有"耍龙灯"的习俗，人们载歌载舞，洋溢着节日的喜气。"耍龙灯"也称"舞龙""龙灯舞"，它是我国独具特色的传统民间娱乐活动。常见的"耍龙灯"表演，有"单龙戏珠"和"双龙戏珠"。在耍法上，各地风格不一，各具特色。经过民间艺人的不断加工创造，"耍龙灯"已经发展为形式完美且具有一定表演技巧的民间舞蹈艺术，受到大家的喜爱。

在我的家乡，耍龙灯并不多见，我是从电视上看见过耍龙灯的场景的，真是热闹非凡呀！要是能够在家乡见到这样的场景那该多好呀！

（二）猜灯谜

猜灯谜，又称"打灯谜"，是中国独有的富有民族风格的一种传统民俗文娱活动。据记载，猜灯谜自南宋起开始流行。每逢农历正月十五，也就是元宵节，这一天，人们会把谜语写在纸条上，贴在五光十色的彩灯上供人猜测。因为猜谜语既能启迪智慧、增长见识，又迎合了节日的气氛，所以参加的人很多。后来，猜灯谜逐渐成了元宵节必不可少的节目。

每年元宵节的时候，我们学校就会举行各种丰富的活动，猜灯谜是必不可少的。所有的谜面都是我们自己制作的，挂在校园的长廊里。下课以后，我们成群结队地去猜灯谜，猜中还会有小礼品呢！

端午节

一、节日游戏我来玩

游戏名称：脚力赛龙舟

游戏准备：系带

游戏玩法：将孩子们分成2~3组，每组3~4人。前后站，排成队，后面的人双手搭在前面的人肩上，用系带将几人的左脚和右脚分别扣在一起，喊出口号，一起抬脚向前行走。比一比，哪一队默契度最高，谁先走到终点。

游戏推荐指数：★★★★

游戏名称：划旱舟

游戏准备：运动鞋、旧裤子

游戏玩法：1.两人一组，相互坐在对方的脚上，手拉手，借助力量向前挪动。

2.在规定的距离内，先到达目的地的胜出。

游戏推荐指数：★★★★

二、节日习俗我来讲

端午节：游戏识习俗活动方案

活动时间：6月19日下午2:30

活动地点：嬉耕园

活动一：识药草（艾草、菖蒲等）

准备班级： 嬉耕园（青青园、小蜜蜂园地、东篱轩）

照片拍摄： 各庄园主

参加人数： 嬉耕园班级各2名孩子，另加低年级孩子

活动二：品习俗

活动组织： 陈小琴　万　亚

照片拍摄： 丁奕羽

1. 老杨讲故事

邀请如皋名人杨树坤给孩子们讲解端午节的习俗、民间故事。

音响准备： 万亚

2. 画额

画额是端午节时以雄黄涂抹小儿额头的习俗，意可驱避毒虫。典型的方法是用雄黄酒在小儿额头画"王"字，一借雄黄以驱毒，二借猛虎（虎为兽中之王，"王"似虎的额纹，因以代虎）以镇邪。除在额头、鼻耳涂抹外，亦可涂抹他处，用意一致。

（邀请李校、肖校、杨树坤为孩子们画额。）

（准备毛笔、颜料等：丁奕羽。）

3. 拴五色丝线

中国古代崇敬五色，以五色为吉祥色。因而，节日清晨，各家大人起床后第一件大事便是在孩子手腕、脚腕、脖子上拴五色线。系线时，忌儿童开口说话。五色线不可任意折断或丢弃，只能在夏季第一场大雨或第一次洗澡时，抛到河里。据说，戴五色线的儿童可以避开蛇蝎类毒虫的伤害；扔到河里，意味着让河水将瘟疫、疾病冲走。

参与班级： 嬉耕园各班

活动三：游戏竞赛——划旱舟比赛

活动组织： 顾福琴　曹海清　陆君雅

游戏玩法： 1. 2人一组，相互坐在对方的脚上，手拉手，借助力量向前挪动。

2. 在规定的距离内，先到达目的地的胜出。

游戏准备：运动鞋、旧裤子

参加年级：四年级（每班选出男、女生运动员各一组）

游戏详见视频讲解。

三、游戏感悟我来写

　　今天我们开展了一年一度的端午节活动，请来了文化志愿者杨树坤爷爷，他带我们了解了很多关于端午节的知识。比如，杨爷爷告诉我们，艾草可以用来驱蚊，还可以做成艾叶；艾香做成香包放在身上，也可以驱蚊。雄黄酒的用处可多了，用扫帚沾雄黄酒在墙角扫一扫，寓意去百虫；还可以用雄黄酒在小孩额头上画"王"字，一是借雄黄酒来驱毒，二是借猛虎以镇邪。活动中，校长和杨树坤爷爷帮我们在额头上画了一个"王"字，希望我们茁壮成长、虎虎生威。

　　端午节吃粽子、划龙舟的习俗，据说和诗人屈原有关。屈原被流放后投江了，人们为了不让江里的鱼儿伤害屈原的身体，就划着船把煮熟的粽子扔到江里给鱼儿吃。从此以后，每年到了农历五月初五，人们划着龙船，吃着粽子，纪念热爱祖国和人民的屈原。这就是端午节吃粽子、划龙舟的由来。

——袁洪志

星期五下午，我们兴高采烈地来到嬉耕园，听如皋名人老杨先生讲故事。之前，我经常在电台里听他的节目《老杨茶馆》，感觉很有趣。今天，终于见到真人了！

老杨先生用打快板、讲如皋话的方式给我们讲了端午节的传统习俗，让我印象最深的是挂香包的由来。传说很久以前，瘟疫横行，老百姓生活很艰苦。如皋有一位姓齐的亭长，经常收集草药放在宝盒里，帮助有需要的人。有一次端午节，他看见一对夫妻手上牵着一个小孩，背上却背着一个大孩子，准备过河。齐亭长看见了，好奇地问："你们为什么不把小的孩子背在身上呢？"原来，大孩子的父母刚刚感染瘟疫死了，他成了孤儿，而且也生着病。齐亭长很感动，便从宝盒里倒出一大把药粉给夫妻，让他们包起来挂在身上，这样就能驱赶瘟疫。夫妻两人回到家，把药粉分成很多小份包给全村的人，果然，他们村没有一个人感染瘟疫。后来，人们就把药粉做成香包挂在身上，用以驱毒辟邪，这就是挂香包的来历。

佩戴香包不仅是为了装饰，更重要的是祈求健康、幸福。

——朱泓铭

今天，老杨爷爷来到安定小学，给我们讲了许多许多关于端午节的有趣的故事。

端午节又叫粽子节，据说是为了纪念我国古代爱国诗人屈原。当年楚国被秦国军队攻破的时候，屈原看见国破家亡，心里十分难过，投江自尽了。从此，家家户户会在端午节那天，用粽叶包糯米，投入江中，为的是不让鱼儿吃屈原的尸体。

还有一件感人的故事。早年如皋发生了一场瘟疫，齐亭长看见一位妇女背上背着一个十五六岁的男孩，手上牵着一个五六岁的男孩，齐亭长感觉很奇怪，上前询问才知道，原来这位大孩子是个孤儿，他的亲人

在这场瘟疫中都去世了，妇女说不能让别人家的孩子受苦。亭长听了很感动，从宝葫芦里拿出一些艾草药丸，叮嘱她回去用水泡开，洒在房间里的每个角落。妇女回去之后，自己留了一点，余下的分给了全村的人，从此他们村里再也没有人得过瘟疫。后来人们才知道，原来艾叶有杀菌、消毒的作用。

端午节的习俗有：赛龙舟、佩香囊、挂艾草、点雄黄酒。

最让我感兴趣的是"点雄黄酒"。雄黄是一种药材，能杀百毒，所以端午节的时候，古人会将雄黄泡在酒中。这次杨爷爷还特地带了调制好的雄黄酒，在我们几个同学的脑门上写了个大大的"王"字，可威风了，据说这样就可以使蚊虫、蛇蝎等近不了身。哈哈，我顿时感觉自己"百毒不侵"了。

我真喜欢这样的活动，希望老杨爷爷常来我们学校，给我们讲更多更有趣的传统节日的故事。

——张振杰

今天是特别的一天，下午来了一位杨爷爷。

杨爷爷给我们讲了一个关于端午节传统的故事：很久很久以前，一位妇女背着一个大男孩，拉着一个小男孩，正准备过河。齐亭长走过去问："你怎么背着这么大的男孩？"妇女说："这是一个孤儿，现在生着病，他父母在瘟疫中去世了。"齐亭长把一个盆子里的药草送给妇女，妇女自己留了一点，其余的全分给了邻居们，一场瘟疫就溜走了。

杨爷爷用雄黄酒加上颜料在每个小朋友的额头上写了个"王"字，据说这样就不会被害虫咬到，我感觉自己现在像森林中的老虎什么也不怕了。

我还想听杨爷爷给我讲更多故事，可是时间来不及了，杨爷爷只好回去了。

——顾瑾

中秋节

一、节日 游戏 我来玩

游戏名称：颂月童谣大赛

游戏准备：中秋诗词

游戏玩法：1.将孩子们分为若干组，每组3人。

2.裁判出题，出示诗词的一部分，每组参与者进行抢答，对上诗词的剩余部分。

3.每组有5分起步分，抢答答对1题加1分，答错1题扣1分。

4.游戏共计10轮，总分最高的小组获胜。

游戏推荐指数：★★★

游戏名称：调皮的月饼

游戏准备：月饼、绳子、长杆子（将绳子的一头系在长杆上，另一头系在月饼上）

游戏玩法：1.学生共分为2组，每组3人。

2.游戏时，裁判在中间举着系好月饼的长杆。2组队员分别从场地的两端向中间出发，每组中的2名队员托举另一名队员，被托举的队员负责吃月饼。

3.裁判在游戏时可以随机移动长杆，改变月饼的位置。

4.游戏共3轮，每轮时间为2分钟。吃到月饼次数较多的小组获胜。

游戏推荐指数：★★★★

二、节日习俗我来讲

（一）赏月

农历八月十五是我国传统的中秋节，是仅次于春节的第二大传统节日。中秋节是个古老的节日，祭月、赏月是该节日的重要习俗。古代帝王有春天祭日、秋天祭月的社制，民家也有中秋祭月之风，到了后来，赏月重于祭月，严肃的祭祀变成了轻松的欢娱。中秋赏月的风俗在唐代极盛，许多诗人的名篇中都有咏月的诗句，宋代、明代、清代宫廷和民间的拜月、赏月活动则更具规模。

中秋之夜，月色皎洁，古人把圆月视为团圆的象征，因此又称八月十五为团圆节。古往今来，人们常用月圆、月缺来形容悲欢离合，客居他乡的游子更是以月来寄托深情。唐代诗人李白的"举头望明月，低头思故乡"，杜甫的"露从今夜白，月是故乡明"，宋代王安石的"春风又绿江南岸，明月何时照我还"等诗句，都是千古绝唱。

每逢中秋节，我们家都会搬出几把椅子，坐在一棵大树下，吃着月饼，凝望着明月。让我不禁想起在外奔波的游子，感受到他们那迟迟不能回家的思念之情！

（二）猜谜

中秋节是我国传统节日，中秋节的习俗中就有猜谜。猜谜，指通过给定的提示性文字或者图像等，按照某种特定规则，猜出指定范围内的某事物或者地点等内容。猜谜的形式以灯谜最为常见，其往往利用汉字、汉语的特点进行有意识地别解谜面。中秋节灯谜至今已有三千多年的历史。在春秋战国时期出现的"隐语"，就是猜谜的雏形。到了汉代，"隐语"开始分化为两个方向：一类是以描写特征为主的事物谜；另一类是以文字形义为主的文义谜。到了魏代，则称为"谜语"。隋唐时期随着诗歌的兴盛，诗谜大量出现，并成为主流。从宋代开始，一些文人学士常在中秋之夜，把谜条贴在灯上，让家家户户来猜谜。清中叶以后，谜风大盛，就涌现了许多谜师。

每当中秋节时，我们一家都会猜谜。我们会搜集一些关于城市、物品、人名等的谜语。其中一个人提问，其他人回答。不管是答对还是答错，我们都很开心。我很喜欢猜谜这项活动，因为它不仅能使我快乐，而且还可以让我积累更多知识，真是一举两得！

（三）饮桂花酒

每到中秋节那天，家人们齐聚一堂，爷爷就会拿出他酿制的桂花酒招待大家。对月当空，闻着桂花香，品着桂花酒，尝着月饼，别有一番风味。中秋节是习俗的传承，也是家人团聚的节日。

古人认为，桂花有富贵吉祥、子孙昌盛的寓意，中秋节正是桂花盛开的时候，因此，中秋节前，人们会采摘桂花来泡酒。用当年新酿的糯米酒来浸泡刚刚采摘的桂花，做成桂花酒，中秋节的时候用来招待客人。

桂花酒有一个美好的传说：古时候，两英山下住着一个仙酒娘子，她酿出的酒，味醇甘美。一年冬天，娘子发现门外躺着一个快要冻死的汉子，便好心背他回家照料。一日，那汉子不辞而别，仙酒娘子放心不下，到处去找。在山坡遇一白发老人，老人喊渴，她便咬破中指伸到老人嘴边。此时，一阵清风吹来，天上飞来一个黄布袋，袋中装满许多桂子，附带一张纸条：月宫赐桂子，奖赏善人家。原来，汉子和白发老人都是吴刚变的。这桂子种下长出桂树，开出桂花，满院香甜，后来人间也就有了桂花与桂花酒。

中秋节是传承了几千年的祭月之节，保存着先民古老的天地人和的哲学思考，蕴含着华夏子孙生生不息的敬月信仰。

清明节

一、节日游戏我来玩

游戏名称：场外生花

游戏准备：贴画、绳子

游戏玩法：1.每组各选一名队员，两个人背对对方向反方向拔河。

2.站在白线外的队员往拔河队员身上贴贴画。

3.哨声吹响，组员身上贴到贴画最多的队伍获胜。

游戏推荐指数：★★★★★

游戏名称：蹴鞠表演赛

游戏准备：空场地、足球

游戏玩法：1."一人场"：由参加者逐一轮流表演，除用脚踢外，头、肩等部位均可接球。使球高起落下叫"飞弄"，使球起伏于身上称为"滚弄"。它以表演花样的多少和技艺高低决定胜负。

2."十人场"：为多人场，转花枝、流星赶月、八仙过海等，各有规定的踢球路线，按照路线踢得又快又好的队伍获胜。

游戏推荐指数：★★★★

二、节日习俗我来讲

（一）蹴鞠

自古以来，清明节在我国就是一个很重大的节日，在古代这个节日有许许多多的风俗习惯，蹴鞠就是其一。那清明节蹴鞠的由来是什么呢？下面我们一起来了解一下吧。

清明节前一两天是寒食节，要禁火、吃冷食，为了防止寒食、冷餐伤身，所以举行一些活动，以锻炼身体。

蹴是一种皮球，球皮是用皮革做成的，内用毛塞紧。蹴鞠，就是用足去踢球。这是古代清明节时人们喜爱的一种游戏，跟现在的足球有点相似。

唐代蹴鞠筑球时，在球场中央竖立两根高三丈的球杆，上部的球门直径约一尺，叫"风流眼"。衣服颜色不同的左右军，分别站在两边，每队12或16人，分别称为球头、骁球、正挟、头挟、左竿网、右竿网、散立等。球头与队员的帽子亦稍有区别。比赛时鸣笛击鼓为号，左军队员先开球，互相颠球数次然后传给副队长，副队长颠球数次待球端正稳当，再传给队长，由队长将球踢向风流眼，过者胜。右军得球亦如此。结束时按照过球的多少决定胜负，胜者有赏，负方受罚，脸上涂白粉。

（二）放风筝

"清风如可托，终共白云飞。"清明节放风筝是民间传统的习俗之一，它最主要的寓意是"放走晦气"。风筝也是象征着辟邪的护身符，它还可以保佑平安，是吉祥之物。

每年的清明节，我和爸爸、妈妈都会来到一处空旷的地方来放风筝。我在风筝上面写下自己的名字，用力往上一抛，连忙逆着风跑，我的风筝慢慢地飞起来了，像鸽子一样在空中飞翔。等风筝飞到高处，我拿出剪刀剪断绳子，在心中默念：全家身体健康、平安幸福。风筝飞上蓝天之后，任凭风把它们送往天涯海角，据说这样能除病消灾，给全家人带来好运。每逢清明时节，人们不仅白天放，夜

间也放。夜里放的时候，在风筝上挂上一串串彩色的小灯笼，像闪烁的星星，被称为"神灯"。

（三）扫墓

"清明时节雨纷纷，路上行人欲断魂。"一年一度的清明节又到了，清明节是中国的传统节日，这一天，人们都要去祭拜祖先，缅怀故人。

然而，今年的清明节比较特别。老师带着我们去烈士陵园，缅怀革命先烈。

三年级、四年级的同学们，排着整齐的队伍，去往如皋烈士陵园扫墓。走进陵园大门，只见宽宽的长廊两旁长着苍翠的松柏，它们象征着烈士永垂不朽的革命精神。走到烈士纪念碑前，同学们整齐有序地站立好，几百只小手齐刷刷地举过头顶，行着庄严的队礼……时间好像静止了，这时候，传来了"默哀一分钟"的号令，并奏起了哀乐。听着哀乐声，看着烈士碑，我的眼前似乎出现了烈士们舍生忘死、视死如归，抛头颅、洒热血的情景。正是他们的英勇献身，才换来了我们今天幸福的生活。

一声"礼毕"，我回过了神，该献白花了。我走到一名叫徐芳德的烈士的墓碑前，郑重地献上了白花。

扫墓结束了，回去的路上，我思绪万千，心里想：我一定要好好学习，长大了为国家贡献自己的一份力量，不能让烈士白白牺牲，要珍惜现在拥有的幸福生活。

（四）拔河

拔河发明于春秋后期，开始盛行于军中，后来流传于民间。有一年清明节，唐中宗命令满朝三品以上大员，汇聚宫中球场，分队分批举行拔河比赛。所用绳索是大麻绳，两头系千余条小绳，数百人分两队分别在两头抓紧，比赛中力弱者为输家，中宗带皇后、公主等人也前往观战。据说，清明节拔河，具有祈求丰收的寓意，这个习俗帝王们也非常重视。

每年春天的时候，我们学校也会在操场上举行拔河比赛。去年，我班的对手是四（4）班，那可是我们的老对手了，"仇人相见，分外眼红"，经过两个班的殊死拼搏，最终我班以三局两胜的战绩打败了四（4）班。

第二章
传统节气游戏

立 夏

一、节日游戏我来玩

游戏名称： 斗蛋

游戏准备： 生鸡蛋若干个

游戏玩法： 1.蛋分两端，尖者为头，圆者为尾。斗蛋时，蛋头斗蛋头，蛋尾击蛋尾。一个一个斗过去，破者认输，最后分出高低。

2.蛋头胜者为第一，蛋称"大王"；蛋尾胜者为第二，蛋称"小王"或"二王"。

3.输方要把斗输的蛋献给胜方。

游戏推荐指数： ★★★★

游戏名称： 巧接鸡蛋

游戏准备： 生鸡蛋若干、纸杯、桌子

游戏玩法： 1.玩家分为若干组，每组3人。

2.游戏时，每组中有2人在桌子的一边吹鸡蛋，另1个人在桌子对面用纸杯接鸡蛋。

3.游戏一共3轮，每轮游戏时间为1分钟。最终接到鸡蛋数量最多的小组获胜。

游戏推荐指数： ★★★

二、节日习俗我来讲

（一）迎夏仪式

立夏的"夏"是"大"的意思，是指春天播种的植物已经直立长大了。古时候，人们非常重视立夏的礼俗。在立夏这一天，古代帝王会率领文武百官，排着浩浩荡荡的队伍，来到京城南边的郊外，举行迎夏仪式。帝王和所有的大臣都要穿上朱红色的礼服，佩戴朱红色的玉佩，还有他们骑的马匹、坐的马车和马车上的旗帜也都要是朱红色的，这些都是用来表达人们对丰收的期盼和美好的愿望。在宫廷里，皇帝会赐给大臣们上一年冬天贮藏的冰块，用来解暑。在民间，人们就喝冷饮来解暑。立夏当天，人们因为大好春光已经逝去，难免会有些伤感，所以大家还会准备丰盛的酒菜，开怀畅饮，就好像是在送走明媚春光迎接生机勃勃的夏日。

现在虽然没有以前那么隆重的迎夏仪式了，但是，到了立夏这一天，妈妈还是会煮上很多的蛋，也会采摘一些蔷薇花插在瓶中，迎接夏天的到来，祈祷全家能够平安顺遂！

（二）立夏称人

立夏有着"称人"的风俗和习惯，这个习俗由来已久，并有古老的故事流传至今。下面就由我来为大家介绍介绍吧！

古诗云："立夏秤人轻重数，秤悬梁上笑喧闺。"20世纪30年代，《宁国县志》中记载："立夏。以秤称人体轻重，免除疾病，所谓不怯夏也。俗传立夏坐门槛，则一年精神不振。"

传说刘备去世后，诸葛亮把他的儿子阿斗交给赵子龙，让他送往江东，请在江东的刘备的继室孙夫人带养。

孙夫人当着赵子龙的面给阿斗称体重，悉心养护。自此，她每年立夏都称一次，看看孩子胖了多少，瘦了多少。此后，便流传开来，成了立夏的习俗。

随着电子秤的流行，称体重已经成了我们经常都会做的事情，但是，传统节

日的习俗我们不能丢。你今年立夏称体重了吗？记住，立夏千万不要坐门槛哦！

（三）斗蛋

听妈妈说，立夏还有一个传统游戏——斗蛋。今年立夏的时候，一早起来，妈妈就帮我煮好蛋（鸡蛋带壳清煮，不能破损），用冷水浸上数分钟之后再套上早已编织好的丝网袋。来到学校以后，孩子们三五成群，进行斗蛋游戏：蛋分两端，尖者为头，圆者为尾。斗蛋时，蛋头斗蛋头，蛋尾击蛋尾。一个一个斗过去，破者认输，最后分出高低。在激烈的比赛过后，我获得了班级"鸡蛋王"的称号！

三、游戏 感悟 我来写

又可以斗蛋了，期盼已久的立夏终于来了！

同学们带来了五花八门的蛋，七彩蛋、老虎蛋、大鹅蛋……

先说小组比赛吧，我两手紧握着蛋，只露出一个小小的蛋头，猛地把这个"小勇士"撞向孙欣然的蛋，"咔嚓"，孙欣然的蛋瞬间灵魂出窍，被送上了"西天"。打赢了孙欣然，我无比激动！黄万熙不服，向我挑战！看看我手上的"小勇士"，我信心十足！再次发起进攻，"啪"，我眼睁睁地看着我的蛋上有了个深深的窟窿，唉！可怜的"勇士"就这样失去了生命。

下面就是扣人心弦的班级决赛了，最有趣的就是鹅蛋决赛。说时迟那时快，刘译潞握着她的鹅蛋朝陶雨轩的鹅蛋奔去，我为刘译潞捏了一把汗。随后耳边只听"呼"的一声，我组的每个人都为刘译潞松了一口气，因为陶雨轩的鹅蛋粉身碎骨了，而刘译潞的鹅蛋毫发未损。紧接着刘译潞又将她的鹅蛋以迅雷不及掩耳之势向刘鑫雨的鹅蛋冲去，一声"咔嚓"后，我听见蔡老师举起刘译潞拿鹅蛋的那只手，高声宣布："这是我们今天的鹅蛋王！"刘译潞顿时满面生花。

这时响起了一片掌声！

我们的欢笑声传出了教室，传到了校园的上空，在笑声中我仿佛看到了明年的立夏……

——何裴

立夏这天，我用我"呕心沥血"的彩绘蛋，来和同学进行斗蛋大比拼。老师宣布开始斗蛋时，我的心别提有多慌了，害怕自己的鹅蛋不争气。

我悄悄地对它说："鹅蛋，你的漂亮衣服是我做的呀！老师还拍了照的呢！你可要坚强一点哦！"

我的鹅蛋先跟一个娇小玲珑的鸡蛋PK了一下，没有丝毫的受伤痕迹，而鸡蛋却遍体鳞伤。我的胆儿变大了，信心也足了。于是又和小季同学的鹅蛋PK了一下，没想到他的鹅蛋一下子就被我的鹅蛋打破了，我开怀大笑，说："我的鹅蛋你也太争气了吧！"并不由自主地亲了它两下。

越战越勇的我又挑战了一颗巨无霸鹅蛋，但是我的心里还是像有十五只水桶在打水一样——七上八下。我暗自想：上帝啊，请保护好我那可爱的蛋蛋吧！我的鹅蛋开始了生死之战，我屏住了呼吸，小杰同学的蛋直冲我的鹅蛋撞来，"砰——"的一声，我立刻拿起放大镜检查我的蛋。咦？一点都没损坏呀！我又看了看小杰同学的蛋，原来是他的蛋"骨折"了。我对着我的鹅蛋说道："蛋蛋，我咋没发现你这么厉害呢？早知道我就不提心吊胆了。"

我狂笑不止地说："嘿嘿，我的蛋虽然不大，但是坚固。这就是我的超级无敌鹅蛋呀！"

——吕欣融

今天星期三，老师布置的实践作业是"在蛋上作画"，并把画好的蛋明天带到学校去斗蛋。

我一回到家，赶紧叫奶奶煮了一个鹅蛋，并告诉奶奶煮得越熟越好！不一会儿，鹅蛋煮好了，我要开始在鹅蛋上画小怪兽了。

我先画了一双红得似火的眼睛，那眼睛正在恶狠狠地盯着我。然后画上了两只像仙人掌的脚和红色的手，接着在后背画上一对红色的翅膀和三叉戟。一个小怪兽的模样就出来了，挺威风！

但我总觉得缺点什么，忽然，我灵机一动：对，还有嘴巴！于是，我又画上了一个深绿色的嘴巴。呵呵，更传神了！最后，我把余下的地方涂成了淡绿色，小怪兽画作大功告成。

我给它取了一个很洋气的英文名字"Green Monster"，明天我将带着我的"勇猛小兽"去跟同学对战！

——张振杰

"咔嚓、咔嚓……"这是什么声音？原来是小朋友们在教室里举行一年一度的斗蛋比赛。

小朋友们精心准备的彩绘蛋五花八门，有叮当猫款、皮卡丘款、鲜花款，还有蝴蝶款。

斗蛋比赛开始了。首先是小组6人斗蛋，我拿出了绝世武器——"导蛋"对决王若羽。我瞪大了铜铃般的眼睛，使出全身的力气发射"导蛋"，只听"咔嚓"一声，王若羽的蛋破了一个大大的洞，而我的蛋却毫发无损。经过激烈的角逐，黄万曦赢得了小组赛第一名。

扣人心弦的总决赛在同学们的期待中开始了。其中最精彩的要数鸡蛋冠军赛，参赛者有陈木子昇、陶吉悦和朱睿。第一轮是陈木子昇和陶吉悦对战，陈木子昇屏住呼吸，集中精力，趁陶吉悦不注意，把蛋以迅雷不及掩耳之势撞了过去。"咔嚓"一声，教室里顿时响起了雷鸣般的掌声，定睛一瞧，陶吉悦的蛋破了一个洞。第二轮，由朱睿对战陈木子昇。两个人不约而同地举起手中的蛋撞向对方，又听"咔嚓"一声，在同学们的注视下，陈木子昇的蛋去了"天堂"。最终朱睿荣获"鸡蛋冠军"。下课前，我们把"残兵败将"吃得一干二净。

这真是一场激烈而又令人难忘的比赛啊！

——秦绍钧

节日游戏

放飞儿童快乐梦想 >>

立夏到了,我们班举行了斗蛋比赛。

斗蛋规则:分组进行斗蛋,产生"小组蛋王";"小组蛋王"再战,决出"蛋王"。

开始斗蛋啦!教室里面热闹非凡。我有两个"蛋宝宝"——卡布莎妮和抱抱熊。我的心"砰砰砰"地跳着,因为我的两个蛋太小了,它们能斗得过别人的大蛋吗?

我的第一个对手是丁珺琳,只见她拿着她的大鹅蛋,气势汹汹地朝我冲过来,"咔嚓!"我紧闭双眼,心想:不会吧,我的蛋这么快就败下阵来了?我偷偷把眼睛睁开一条缝,欣喜若狂地发现,我的小鸡蛋还好好的!而丁珺琳的鹅蛋已经碎了一地。接着,我又战胜了万沁妍。可惜的是,在和汤凯哲、孙正茗战斗的时候,我的两个蛋宝宝都光荣"牺牲"了!

"妈呀!"丁珺琳突然大叫一声。原来,曹淼带来的蛋是生的!蛋碎了,蛋清、蛋黄洒了一桌子,他手忙脚乱地擦着……看到他狼狈的样子,同学们都哈哈大笑起来。

最后,汤凯哲成为我们班的新"蛋王"。虽然我没有取得胜利,但我还是很开心的!斗蛋实在太有趣啦!

——向嘉逸

伴随着太阳公公温暖的笑容,一年一度的斗蛋活动开始了,我的心情激动无比。

小朋友们带的蛋五花八门,有"霸王蛋"鹅蛋,有小而灵巧的鸡蛋,还有"中等个儿"的鸭蛋。而我带的是英勇无比的乌鸡蛋"绿壳哥"。

小组比赛开始了,我以迅雷不及掩耳之势用"绿壳哥"的铁头向陆颜晏的"小跳娃"发起进攻,只听见"嘎"的一声,"小跳娃"长出了一只"大眼睛",直接上了天堂。伴随着"咔嚓"的一声,王映琪的"小眼睛"和李唐的"蛋大姐"由于急着跃跃欲试,还未上战场就失足掉到了地上,摔得粉身碎骨。我趁热打铁将章珂嘉的"小彩虹"撞得一命呜呼了!

最振奋人心的时候到了,班级的斗蛋决赛来临了,我的"绿壳哥"成功地撑到了决赛,和我竞争的是朱睿和陶吉悦。比赛开始了,他俩铃铛般的眼睛中闪烁着火光,好像要将对方烧着了一般,而我就等着坐收渔翁之利。朱睿施展了"幻影攻击",陶吉悦的蛋顿时四分五裂。轮到朱睿和我进行角逐了,我有些紧张,手掌渗出了些许汗珠,"咚",朱睿趁我分神的时候将我的"绿壳哥"击碎了,我伤心无比。

虽然输掉了比赛,但我很享受比赛的过程。大家将手中的"残兵败将"都吞进了肚子里,欢声笑语在我们教室的上空久久回荡!

——陈木子昇

立 秋

一、节日游戏我来玩

游戏名称：迎秋接力赛

游戏准备：套圈、西瓜切块、秋天的其他果实（如玉米、红薯等）

游戏玩法：1.将孩子们分成若干组，每组4人，同队3人参加比赛。

2.第一棒：听到哨声，立刻跑到规定场地，迅速在腰部穿上带有绳子的束带，绳子的另一侧由3名"力量者"合力拉住，参赛者需要将自己前面的果实都捡起放进规定的篮子里，全部捡完方可过关。

3.第二棒：第一棒结束后，立刻拿起准备好的10个套圈，站在规定的线上套圈，套中5个果实，则视为过关。

4.第三棒：第二棒结束后，拿起面前的西瓜，快速吃完，跑向终点，敲锣，计时停止，一轮游戏结束。

5.游戏共计3轮，时间最短的计入最终成绩，用时最少的获胜。

游戏推荐指数：★★★★★

游戏名称：摸秋大赛

游戏准备：箱子、秋天的其他果实（如玉米、红薯等）

游戏玩法：1.准备多种农作物，放在小箱子里或者放在篮子里，用布盖上。

2.摸一摸并猜一猜这是什么，猜中最多的人获胜。

游戏推荐指数：★★★★

二、节日习俗我来讲

（一）啃秋

连续多日的暴雨与台风一起，在午后倾洒着。前脚是水漫城市的激情，后续则是秋意拂面的柔情，像极了在夏天出生的猫咪，迫不及待地要欣赏秋天。8月7日是立秋的日子，在南京就有一个留古至今的习俗——啃秋。

炎炎夏日，大雨如注，一叶知秋。转眼间，秋天已经来到了我们的身边。在一场场雨的叮咚伴奏中秋来了，从门外的松树旁穿行而过，悄然降临。啃秋又叫咬秋，是江苏传古至今的习俗。即在立秋之日啃吃西瓜，意在用啃西瓜去除夏暑气，啃下"秋老虎"，迎接凉爽的秋季。立秋是秋季的开始，每年当太阳到达黄经135度时为立秋，在南京吃西瓜啃秋的习俗在古时就有了。

传说在明代某一年，南京城里许多人长了癞痢疮，有人便效仿庐州府崔相公之女食瓜让癞痢落疤自愈的故事，多吃西瓜，结果癞痢疮真的好了。因此，人们就在入秋的这一天多吃西瓜，以防秋燥，久之形成了习俗。

立秋来到，将西瓜切成两半，每半都是半圆的形状，可以用勺子挖着吃，也可以将尾巴切开，自己啃出花样来吃，寓意消除暑气。立秋日吃一吃西瓜，也有依依惜别之意，惜别夏日酷暑，迎接秋日凉爽。

立秋时节，还有好多习俗呢！啃秋、晒秋、吃秋桃……每一种习俗都有好的寓意，我们一定要将好的习俗传承下去！

立秋时节，一定不要落下啃秋。窗外狂风暴雨，窗内其乐融融。希望啃秋这个习俗可以给我们带来好运！

（二）吃秋桃

立秋是24节气中的第13个节气，也是秋天的开始。

立秋有吃秋桃的习俗。每到立秋日，人人都要吃秋桃。每个人一个桃子，吃完桃子后要把桃核保留起来，等到除夕时，不为人知地把保留的桃核扔进火炉中烧成灰烬，人们认为这样就可以免除一年的瘟疫。

秋天秋桃上市，鲜嫩多汁的秋桃不仅可以生津止渴，还可以预防秋季的干燥。中医认为桃性温，且具有补气养血和生津止咳的功效。

桃子里富含蛋白质、脂肪、钙、磷等营养元素，并且具有大量的水分，对干咳、咳血、慢性发热等症有疗效，且可以起到养阴生津、补气润肺的保健作用。

（三）晒秋

秋收时，遍地五谷香。在立秋的诸多习俗中，晒秋是一种典型的农俗现象，果蔬粮食的丰收，总能给人们带来喜悦。湖南、江西、安徽等生活在山区的村民，由于地势复杂，村庄平地极少，只好利用房前屋后及自家窗台、屋顶架晒或挂晒农作物，久而久之就演变成一种传统农俗现象。这种村民晾晒农作物的特殊生活方式和场景，逐步成了画家、摄影家创造追逐的素材，并塑造出诗意般的"晒秋"称呼。

全国不少地方的这种晒秋习俗慢慢被淡化，然而在江西婺源的篁岭古村，晒秋已经成了农家喜庆丰收的"盛典"。"篁岭民居错落连，屋窗竹簟景争妍。田间收获多秋晒，七彩农俗尽眼前。"让我们跟随摄影师独特的视角去一探因晒秋而得名"最美中国符号"的篁岭，层叠的瓦房成了婺源篁岭人的晒秋场。每家每户都把收获的辣椒、玉米、稻子等放在大大的竹筐里摆在屋檐下晾晒，在阳光的照射下，五彩缤纷、熠熠生辉，映衬着淳朴农民的一张张笑脸。

自此我也明白了那句话，有一种五彩斑斓，叫晒秋。岁岁年年晒丰收，晒出的是满满的幸福、浓浓的乡愁。

冬 至

一、节日 游戏 我来玩

游戏名称：饺子走起来
游戏准备：一盘饺子
游戏玩法：大家一起一边击掌一边背诵数九歌，速度越来越快，跟不上节奏的人就要让饺子"走"起来。挑战者仰面朝上，其他人将一个饺子放在挑战者脸上除嘴部外任何地方，挑战者不可以用手，只能通过面部肌肉的运动，让饺子"走"到嘴里去。
游戏推荐指数：★★★★

游戏名称：吹赤豆
游戏准备：赤豆
游戏玩法：将桌子周围用纸板围起来，两端正中间放上两个开洞的小纸盒，桌子中间画一条线。参赛者站在两段，用嘴吹动赤豆，在规定时间内，吹进对方球门中的赤豆数量多的获胜。
游戏推荐指数：★★★★★

二、节日习俗我来讲

（一）水饺

冬至是在周朝定下之后，就受到百姓重视的节气。而到了现代，冬至已经形成了独特的节令饮食文化，冬至日流传下来的习俗也影响到了人们生活的方方面面。北方人在冬至日大多会吃饺子、羊肉或者狗肉以庆祝冬至的到来。水饺，是中国北方传统食物。饺子原名"娇耳"，是我国河南南阳邓州人"医圣"张仲景首先发明作为药用，距今已有一千八百多年的历史了。饺子是深受中国人民喜爱的传统特色食品，又称"扁食"，也是年节食品。有一句民谣叫"大寒小寒，吃饺子过年"。

饺子，交在子时，取其辞旧迎新之意。饺子品种很多：有猪肉馅儿、牛肉馅儿、韭菜馅儿……形状也各式各样：有的是元宝形，寓意着财源滚滚；有的是麦穗形，寓意着五谷丰登……如今，人们的生活质量提高了，还有了海鲜馅儿的饺子。

冬至这一天，在外工作的人，无论怎样都得赶回来跟家人一起吃饺子，共叙离别之情，所以就有了"冬至大如年"的说法。

（二）汤圆

说到冬至，大家肯定想到的是水饺或赤豆饭吧。而我一提到冬至，不得不记起来的是那碗热气腾腾的汤圆。

甜甜的汤圆，个头儿小小的、圆圆的，一口一个，香气四溢。光滑的面皮上甚至可以看得到一丝丝光线的反射，让人爱不释手。轻轻咬下去一口，软软的、糯糯的，而后又十分有嚼劲。再咬一口就是甜甜的、黑乎乎的汤圆馅，黑芝麻馅儿从面皮之间倾泻而出，好像忙着去赶集似的，一不小心就流到了汤匙里。

那一年冬至夜晚，天上的星星和地上的灯儿们相映成趣，仿佛世间一道最美丽的风景。真是此景只应天上有，人间难得几回看。可是因为马上就要考试了，我一个人在房间埋头苦干，一直复习着各种习题和试卷，所以没有宽裕的时间和家人一起坐在餐桌上其乐融融地享受着美味的汤圆，随便吃了几口就回房间继续复习了。

窗帘下，月光像一只可爱的小猫，悄咪咪地从窗帘缝隙间探出头来，向我微笑着。我累得满头大汗，头上斗大的汗珠一直往下流，一颗颗都似汗珠小精灵在我的额头、头发、后背肆意奔跑撒欢。身旁堆着如小山一般的试卷、习题，让我感觉十分疲惫，就在这时，母亲端来了一碗热乎乎的汤圆。

望着这碗汤圆，望着母亲，我的眼眶湿润了。那次吃的汤圆仿佛比任何一次都要香甜，这香甜的不知道是母爱呢，还是那碗汤圆？窗外风景如画，屋内暖意浓浓，这碗汤圆让我感受到了深深的母爱。

我品尝过世界各地的美食，但都不如那一碗香甜的汤圆！

（三）赤豆饭

提起赤豆，让我不由自主地想到唐代诗人王维的著名诗句："红豆生南国，春来发几枝。愿君多采撷，此物最相思。"

赤豆被誉为粮食中的"红珍珠"，可以做成我喜欢吃的豆沙包哦！当然，还可以做成赤豆饭。听爷爷、奶奶说，在他们那个艰苦的年代，赤豆饭可是稀有之物，只有在特殊的日子里才会吃上一顿，而且还是掺了别的东西的……静静地听完他们的叙说，让吃过赤豆饭但从来没有认真了解过赤豆饭的我，迫不及待地去了解了一下赤豆饭的由来。

在江南水乡，有冬至之夜全家欢聚一堂共吃赤豆糯米饭的习俗。相传，有一个叫共工氏的人，他有个不成才的儿子，作恶多端，死于冬至这一天，死后变成疫鬼，继续残害百姓。但是，这个疫鬼最怕赤豆了。于是，人们就在冬至这一天，煮赤豆为饭，用以驱避疫鬼，防灾祛病。

冬至吃赤豆糯米饭是有很多好处的哦！糯米味甘、性温，能够补养人体的正气，有暖胃及补中益气的效用。吃了后会周身发热，起到御寒滋补的作用，最适合在寒冷的冬天食用啦！

那么，你知道赤豆糯米饭是怎么做的吗？就让我带你一起来做一做吧！

提前一个晚上，将分拣好的赤豆浸泡在水里，放在冰箱里休息一夜；第二天，将赤豆取出来，倒入冷水锅中煮开，及时撇掉漂浮的泡沫，小火煮30分钟，一直煮到红豆变软；把大米和糯米混和之后清洗干净，倒入电饭锅内；再倒入煮过的红豆和煮豆水，水漫过米约食指一指节就行，煮豆水不够的话可适量加入冷水，然后用电饭锅按照正常程序煮就可以啦！

约1个小时的样子，赤豆饭就新鲜出炉喽！咦？白花花的米饭是怎么成了粉红色的呢？这可不是因为它们害羞，而是被赤豆染成了粉色，而这颜色也确实是"相思"的颜色哦！

闻一闻，热气腾腾的米香中洋溢着甜美的赤豆味！盛一碗，送到爷爷、奶奶的面前，让他们永保这份甜美的相思！

第三章
法定节日游戏

元旦节

一、节日游戏我来玩

游戏名称： 我爱记歌词

游戏准备： 新年主题歌曲、记号笔、白板

游戏玩法： 每轮播放一首歌曲的片段部分，每次播放3遍。孩子写出歌词，正确字数最多的获胜。每轮的获胜者将得到1颗糖果，最先收集到12颗糖果的玩家即为最终的获胜者，象征着新年的每个月都事事如意。

游戏推荐指数： ★★★★★

游戏名称： 保卫气球

游戏准备： 气球

游戏玩法： 分组进行，每组4人。每组第一个人用脖子夹着气球，然后传递给下一个人，下一个人也只能用脖子来接。依此类推，传递最快且气球不掉落的队伍获胜。

游戏推荐指数： ★★★★★

二、节日来历我知晓

公元1911年，孙中山领导的辛亥革命推翻了清朝的统治，1912年建立了中华民国。为了"行夏正，所以顺农时；从西历，所以便统计"，民国元年决定使用公历（实际使用是1912年），并规定阳历1月1日为"新年"，但并不称为"元旦"。各省都督代表在南京开会决定使用公历，把农历的正月初一叫作"春节"，把公历的1月1日称为"元旦"，不过当时并没有正式公布。

1912年1月1日，中华民国宣布成立，孙中山在南京就任临时大总统，在就职誓词中，孙中山以"中华民国元年元旦"为结尾。这就是中国"元旦"的来历。

1949年9月27日，第一届中国人民政治协商会议，在决定建立中华人民共和国的同时，也决定采用世界通用的公元纪年法，即我们所说的阳历。元旦，指公元纪年的岁首第一天。

为区别夏历和公历两个新年，又鉴于二十四节气中的"立春"恰在夏历正月初一的前后，因此便把夏历正月一日改称为"春节"，公历1月1日定为新年的开始——"元旦"，并列入法定假日，成为全国人民的节日。

每年1月1日，标志着新一年的到来，俗称"公历年""阳历年"或"新历年"。

三、节日庆祝展缤纷

蒙古：新一年到来，蒙古老人会装扮成牧羊人的样子，穿着毛绒的皮外套，头戴一顶皮帽，手拿一根鞭子，不停地把鞭子在空中抽得啪啪响，以示驱邪祝福。

比利时：在比利时，元旦的早上，农村的人们做的第一件事便是向牲畜拜年。人们走到牛、马、羊、狗、猫等动物身边，煞有介事地向这些生灵说道："新年快乐！"

德国： 德国人在元旦期间，家家户户都要摆上一棵枞树和横树，树叶间系满绢花，表示繁花似锦，春满人间。他们在新年光临前一刻，爬到椅子上，钟声一响，他们就跳下椅子，并将一重物抛向椅背后，以示甩去祸患，跳入新年。在德国的农村还流传着一种"爬树比赛"的过新年风俗，以示步步高升。

法国： 以酒来庆祝新年，人们在元旦前一天夜晚起开始狂欢痛饮，直到1月3日才终止。法国人认为元旦这一天的天气预示着新的一年的年景。元旦清晨，他们就上街看风向来占卜：刮南风，预兆风调雨顺，这一年会是平安而炎热；刮西风，将会是一个捕鱼和挤奶的丰收年；刮东风，水果将高产；刮北风，则是歉收年。

意大利： 意大利元旦前一天的夜晚是一个狂欢之夜。当夜幕开始降临，成千上万的人们涌向街头，点燃爆竹和焰火，甚至鸣放真枪实弹。男男女女翩翩起舞，直至午夜。家家户户收拾旧物，将屋子里一些可打碎的东西摔个粉碎，旧盆子、瓶瓶罐罐统统扔到门外，表示去掉厄运和烦恼，这是他们辞旧岁、迎新年的传统方式。

瑞士： 瑞士人有元旦健身的习惯，他们有的成群结队去爬山，站在山顶面对冰天雪地，大声歌唱美好的生活；有的在山林中沿着长长的雪道滑雪，仿佛在寻找幸福之路；有的举行踩高跷比赛，男女老幼齐上阵，互祝身体健康。他们以健身来迎接新一年的到来。

日本：日本人在元旦清晨，一家老小上街迎接初升的太阳，接着去参拜或互相向亲友问好。他们称元旦为"正日"。在这一天，他们的早餐是很丰盛的，吃砂糖芋艿、荞麦面等，喝屠苏酒。此后一连三天则吃素食，以示虔诚，祈求来年大吉大利。

保加利亚：元旦用餐时，谁打喷嚏谁准会给全家人带来幸福，家主将第一只羊、牛或马驹许给他，以祝愿他给全家人带来幸福。

希腊：元旦时，家家都要做一个大蛋糕，里面放一枚银币。主人将蛋糕切若干块，分给家人或来访的亲朋好友。谁吃到带有银币的那块蛋糕，谁就成了新年最幸运的人，大家都向他祝贺。

西班牙：西班牙人在元旦前夕，所有家庭成员都团聚在一起，通过音乐和游戏来庆贺。午夜来临，十二点的钟声刚开始敲第一响，大家便争着吃葡萄。如果能按钟声吃下12颗，便象征着新年的每个月都一切如意。

劳动节

一、节日游戏大家玩

游戏名称：巧夹黄豆

游戏准备： 黄豆、纸杯、筷子

游戏玩法： 分组进行，每组2~3人，每组各分得黄豆50粒。第一个人使用筷子将黄豆依次从杯中夹到另一个杯子中，若中途黄豆掉落，则下一个人接力进行，直至50粒黄豆均被夹完。用时短的队伍获胜。

游戏推荐指数： ★★★★★

游戏名称：神奇便利贴

游戏准备： 便利贴

游戏玩法： 给参与者身体（腰部以上）贴上便利贴，每人各贴15张。在一首歌的时间里，不用手撕，把身上的便利贴全部抖掉。先抖完或剩余便利贴少的人获胜。

游戏推荐指数： ★★★★

游戏名称：巧运乒乓球

游戏准备： 乒乓球、纸杯、细绳

游戏玩法： 分组进行，每组2人。2人将2条细绳平行拉直，乒乓球置于细绳上，通过双手的高低调整，让乒乓球在细绳上滑动。在2米外由裁判放上1个纸杯，参与者需要将乒乓球移动到纸杯里，若乒乓球掉落则折返回起点重来，将乒乓球先移动到纸杯里的一组获胜。

游戏推荐指数： ★★★★★

二、节日来历我知晓

劳动节，是世界上80多个国家的全国性节日，定在每年的5月1日，它是全世界劳动人民共同拥有的节日。

18世纪末，美国等许多国家发展迅速，逐步发展到工业资本主义阶段，为了刺激经济的发展，资本家不断增加劳动时间和劳动强度，残酷地剥削底层工人。

在美国，工人们每天要劳动14至16个小时，有的甚至达到了18个小时，但工资却极其低。一个鞋厂的监工曾经说："让一个身强力壮的18岁小伙子，在这里的任何一架机器旁工作，我能够使他在22岁时头发就变得灰白。"这种压迫激起了底层群众的愤怒，他们意识到，要想争取自己的权利，只有团结一致，反抗压迫。于是，工人们集体罢工，要求实行8小时工作制。1886年，在美国芝加哥工人举行了大罢工。为了纪念这次伟大的工人运动，在第二国际成立大会上通过一个重要决议，就是将每年的5月1日定为"国际劳动节"。

三、节日庆祝展缤纷

美国：每逢劳动节，美国人放假一天，各地的民众都会举行集会等各种庆祝活动，以示对劳工的尊重。一些地方，人们在游行之后还会举办野餐会，热闹地吃喝、唱歌、跳舞。入夜，有的地方还会燃放焰火，一派轻松、热闹的景象。

俄罗斯：劳动节这天，俄罗斯全国放假，还会举行各种庆祝活动。庆祝的队伍会先穿过城市的主要街道、广场，最后在宽阔的中心广场举办大型集会和庆典。同时，俄罗斯各地的俱乐部还会举行内容丰富、色彩缤纷的娱乐活动，人们的节日情绪很高。

加拿大：加拿大与美国一样，也是在每年9月的第一个星期一庆祝劳动节。在渥太华、多伦多等城市，每年劳动节时都会举行集会，表彰工会组织下的工人对加拿大社会所作出的贡献。

国庆节

一、节日游戏大家玩

游戏名称：民族大团结

游戏准备：一块空地

游戏玩法：1. 让队员们紧密地围成一圈。

2. 让大家都举起左手，右手指向圆心。摆好姿势后，再用自己的左手抓住同伴的右手。注意，一旦抓住后就不许松开。

3. 现在，大家要在不松手的情况下，把自己从"链子"中解开。解开后仍要保持大家站成一个圆圈，面向哪个方向不限。有时会出现这样的情况，大家都把自己解开了，但是却形成了几个小圆圈，而不是仍保持原来的大圆圈。

4. （隐藏玩法）在完成步骤2之后做一个闭环测试。随意在圈中选出一个人，让他用自己的右手捏一下同伴的左手；左手被捏的人接着用自己的右手去捏下一个同伴的左手；这样继续下去，直到"捏手信号"返回到第一个人的左手。如果捏手信号传不回来，就需要重新开始了。

游戏推荐指数：★★★★

游戏名称：我们的祖国是花园

游戏准备：每个孩子穿上不同的民族服饰，小彩旗、一块空地

游戏玩法：1. 队员们以小组为单位站成一圈，每人相距约一臂长。

2. 游戏开始，第一个队员大喊自己所代表的民族名称，然后

将手中的小旗子传给自己左边的队友。接到小旗子的队友也如法炮制，喊出自己所代表的民族，然后把小旗子传给自己左边的人。这样一直继续下去，直到小旗子又重新回到第一个人手中为止。

3. 接下来改变规则，接到旗子的队员必须喊出另一个队员所代表的民族，然后再把旗子传给该队员。

4. 几分钟后，队员们会记住大多数队友的名字，这个时候再加入一面旗子，两面旗子同时被传递。到游戏尾声时，再加入第三面小旗子，其目的是让游戏更加热闹。

5. 游戏结束，记住民族和服饰最多的人获胜。

游戏推荐指数：★★★★

二、节日来历我知晓

国庆节是由一个国家制定用来纪念国家本身的法定节假日。

每年10月1日都是我们祖国的生日，来源于1949年10月1日的开国大典上毛主席宣布的中华人民共和国成立的日子。在开国大典上，毛主席站在天安门城楼上向全世界庄严宣告："中华人民共和国中央人民政府今天成立了！"

在开国大典举行完之后，1949年12月2日，中央人民政府通过《关于中华人民共和国国庆日的决议》，规定每年10月1日为国庆日，从此才有了延续至今的我国的国庆节。

三、节日庆祝展缤纷

最奢侈的国庆节——美国：7月4日是美国的独立日，也就是国庆节，是美国政府花销最多的节假日。比如2009年的独立日庆祝，仅纽约市就使用了逾22吨烟火用于表演。另外，从损失的工时和额外的保安成本计算，美国庆祝一次独立日大约要付出7 700万美元（1美元约等于7元人民币）的代价，这只是过去的统计结果……

一年四次的国庆节——韩国：韩国与其他国家有所不同，有4个国庆日：3月1日纪念反抗日本帝国主义统治而掀起的"三一运动"诞生的"三一节"；7月17日纪念1948年大韩民国宪法颁布的"制宪节"；8月15日纪念1945年韩国从日本压制下解脱找回了国权以及纪念1948年大韩民国政府建立的"光复节"；10月3日纪念公元前2333年国祖檀君创建最初的民族国家"檀君朝鲜"的"开天节"。其中，8月15日的"光复节"是4个国庆日中地位最高的节日。

最随意的国庆节——英国：说英国国庆节随意不是说不重视，而是国庆节时间不定，看天气决定。英王的地位至高无上，所以英国的国庆节就是共同庆祝英王的生日。现英国女王伊丽莎白二世的生日为4月21日，但由于伦敦4月气候欠佳，因此将每年的6月的第二个星期六定为"女王官方诞辰日"。因为每年的这个时候，一向有"雾都"之称的伦敦天气比较好。

最有意义的国庆节——中国：1949年的10月1日，毛主席在天安门城楼上的一声宣告，向世人宣布了中华人民共和国的正式成立，也就是这一天被定为了中国的国庆节。中华人民共和国的成立，实现了中华民族的独立和解放，开创了中国历史的新纪元。

由于国庆节是中国的法定假日，所以人们在这一天可以按照自己的方式休闲娱乐。

无论是宏大的阅兵游行，还是画在面颊上的一面小小国旗，都表达着人们对祖国的热爱，对历史的敬意。

第四章
创意节日游戏

玩具节

如皋市安定小学第二届游戏节·创意节日之玩具节活动方案

一、活动主题：玩具总动员

男生专场：跑道上的炫车

女生专场：城堡里的公主

"家长达人"专场："家长玩具达人"展示

二、活动时间

6月1日

三、活动安排

（一）男生专场：跑道上的炫车

时　　间：6月1日上午9：00—11：00

活动形式：将分展示区、参观区和擂台区活动

场地安排：操场

展示区活动说明：以"车"为主题，以班级为单位，在规定区域进行方阵创意主题展示，玩具可以用家中现有的，也可以是自制的。每班制作一张符合主题的海报，按自身要求布置场地，展示形式不限。学校将根据海报、主题布置、展示等方面，评定最美方阵奖。（负责人：各班班主任）

参观区活动说明：各年级按照指定时间集中参观。（负责人：各班科任老师）

六年级	五年级	四年级	三年级	二年级	一年级
9：00—9：40	9：00—9：40	9：40—10：20	9：40—10：20	10：20—11：00	10：20—11：00

擂台区活动说明： 学生根据自己玩具车辆的特征，展示并占据"我的玩具·最大""我的玩具·最小""我的玩具·最新颖"等6个擂主，由其他学生与之挑战，如挑战者获胜，则成为新的擂主，直到所有挑战者挑战结束，最后能守擂成功的获胜，并将获得学校颁发的"我的玩具之最×"荣誉证书。（负责人：钱晓峰）

（二）女生专场：城堡里的公主

负　责　人： 各班班主任

时　　　间： 6月1日下午1：30—3：30

场地安排： 城堡回廊

活动说明： 以"芭比娃娃"为主题，以班级为小组，从场景、人物发型、服饰等方面，创编情景故事。表现形式不限，将评定"芭比情景剧·最佳表演班级"荣誉。

参观安排：

一年级	二年级	三年级	四年级	五年级	六年级
1：30—2：10	1：30—2：10	2：10—2：50	2：10—2：50	2：50—3：30	2：50—3：30

（三）"家长达人"专场："家长玩具达人"展示

地点： 雅乐广场（负责人：陈小琴）

准备： 话筒、音响、每组展示区牌子、各组小小讲解员

四、任务安排

1. **活动筹划：** 德育处
2. **奖状准备：** 石潇潇
3. **场地划分：** 体育组
4. **教室及场地布置：** 各班班主任
5. **摄影摄像：** 丁奕羽、外聘摄像
6. **操场、城堡布置：** 气球场景布置
7. **照片收集：** 各级部德育组长收齐每班男女生专场照片各3张，打包发万亚

47

五、活动要求

1. 各班班级组队展示，男生一组，女生一组，每组一位家长志愿者负责拍照，共3人。

2. 各班老师要积极鼓励学生参与本次活动，提前做好各项准备工作，让学生以主人翁的姿态参加本次玩具节。各个玩具专场，自制玩具要达到40%的比例。

3. 请各班班主任提前对学生做好安全教育和纪律教育。教育学生遵守纪律、讲文明、懂礼貌；不在游戏场地乱穿行、乱扔杂物。

4. 活动结束后，要将玩具带回，活动场地打扫干净。

班级海报

我们的节日

一、男生专场

　　让我记忆犹新的是我们男生组的抗疫主题"物流车展示",我们带着满载着温暖与感恩的自制抗疫物流专车来到了跑道上。每个人的车都是独一无二,但都装载着同样的感激与自豪,因为疫情,我们感受到了众志成城,感受到了无私与奉献。让我们早日重返校园,欢聚一堂。

——姚宇宸 [一(3)班]

　　远远地,我就看到教室门上挂满了彩色的气球,它们好像在向我招手。我高兴地向同学们展示我的手工作品——凯迪拉克。我的凯迪拉克是电池驱动的,跑起来特别灵活。随后,男同学们到齐了,我们排着整齐的队伍去操场布置我们的方阵。不一会儿,各种创意汽车齐聚一堂,排成个大大的"4"字。你看,有木头卡丁车,有纸板小卡车,有遥控小汽车……各式各样,让人目不暇接。我们还参观了其他班的汽车展,其中的保家卫国车展,十分震撼人心。

——黄浩宇 [一(4)班]

　　要说有趣,那就不得不说我们男生的"挖掘机大军"了。我们把所有的挖掘机排成"一(5)"造型,气势可壮观啦!瞧,我的挖掘机是最大的,在队伍里多么威武呀!这个"六一"节,我们过得真开心,真希望天天都是儿童节。

——何文煊 [一(5)班]

早上八点，我一踏进校门就发现学校里热闹极了，每个班级都准备了各种各样的活动，校园里充满了欢声笑语。操场的跑道上，同学们酷炫的战车已经各就各位。有的车很小，却"嗖"的一声像闪电一样飞快；有的五彩斑斓，伴着音乐还能变换造型；有的车像解放军叔叔的坦克，威武帅气极了。真是八仙过海，各显神通，男孩子们可真神气啊！

——张佳琪［一（11）班］

当我知道节日那天不带书本，只带玩具和自己爱吃的零食时，我开心得要飞起来了。节日当天，早上是我们男生玩具车的专场，大家都带了自己最心爱的玩具车，特别酷。尤其是操场上一辆特别大的消防车，让我觉得超级酷。我们班的汽车方阵还得了奖状，我特别自豪，老师还给我们拍照留念了呢。

——秦奕涵［一（11）班］

今年的"六一"节格外与众不同，男生要举行自制小汽车比赛，操场上排满了各个班的汽车，有赛车、警车、坦克车、消防车、乐高汽车……各式各样，琳琅满目，让人看得眼花缭乱，感到非常兴奋！

——张佳儇［一（14）班］

老师带我们来到操场上，操场上都是欢笑声。老师先带我们到我们班级的指定地点，接着让我们把各自带的玩具车排好，再把准备好的海报竖好，我们班的汽车方阵就开始"对外营业"了。老师让两位能说会道的同学守着我们的阵地，方便为其他班级来参观的朋友介绍。最后，老师带我们欣赏了一圈其他班级的汽车，有大的、小的，自己做的或是买的，各式各样，太精彩、太好玩了，有些制作真是令我刮目相看。

——陈鑫李［一（15）班］

我们在老师的带领下把各种车摆放在操场跑道上。围着操场一圈的都是各式各样的玩具，有飞机、车，有遥控的，还有同学们自己手工制作的，令人眼花缭乱。大家在操场上尽情地玩着、斗着，比谁的车更厉害，比谁操作遥控更熟练，操场上不时传来大家的欢笑声、叫好声。操场成了欢乐的海洋。

——陈浩宇［二（4）班］

　　我们的男生专场热闹非凡。瞧，各种交通工具聚在一起：白色的轮船、轻巧的直升机，还有飞快的跑车。忽然，一辆坦克吸引了我的眼球，绿色而巨大的身躯在太阳下闪耀着，圆圆的炮筒对着我们，似乎要开炮。我们还举行了赛车比赛，各种各样的车子在跑道上穿梭，像一道道闪电一样在操场上奔驰，真是令人热血沸腾啊！

——陈梓言［三（6）班］

　　老师领着我们，好像领着一群小花狗，我们东抓抓、西摸摸地走进男生专场。只见有炫酷的跑车、身体庞大的卡车、小巧玲珑的摩托车和无人机，它们好像一排排士兵坚守着岗位。现在整个现场已经人山人海、热闹非凡了。

——孙艺［三（9）班］

终于等来了我们期盼已久的"六一"儿童节,我们都高兴得手舞足蹈。首先是男生专场,只见操场上的玩具各式各样:有小巧玲珑的赛车,有威武的坦克,有空中霸王直升机和酷炫的越野车。最引人注目的要数那辆炫酷的越野车了,黑色的车身、流畅的线条,两旁的车门可以随时打开,车身上还印着绿色的图案,再搭配上4个厚实的车轮,真是帅呆了!"加油,加油!"男生们叫喊着。我赶紧凑上前去观看,原来那边在举行激烈的赛车比赛。随着裁判庄老师的一声令下,赛车就像离弦之箭一样冲了出去。它们一路策马奔腾,在操场的跑道上,你追我赶,互不相让。

——钱煜瑶［三（6）班］

　　这是个不一样的儿童节。清晨,操场上一片沸腾,放眼望去,比海浪的动荡更壮观。无数辆赛车在操场上驰骋,我的蓝色赛车也不例外,它在这群英之间悠闲、骄傲地飞奔、转圈、舞蹈……各种架势牵动着大家的目光。突然,我的视线被一辆又白又酷的大赛车所吸引。于是,我弯下腰,眯着眼睛,一按按钮,我的赛车便向着目标飞奔而去。这时,我悬着心,盯着两辆车,屏住呼吸,不久,只听"砰"的一声响,我的蓝赛车不偏不倚、准确无误地撞在了白赛车的身上,白赛车犹如一匹被打倒的骏马,四脚朝天。

——谢刘泽宇［三（8）班］

　　各种炫车旁传来一阵阵尖叫:绚丽的赛车、酷酷的摩托车、小巧玲珑的小轿车……最引人注目的是那辆最大的白色坦克,它高昂着头,霸气地立于车群中。同学们一边观赏,一边"啧啧"地称赞,还评选出了"最快、最酷、最强、最大、最小"五强车,车主们甭提有多高兴了!

——倪渭睿［三（2）班］

　　上午九点多,我捧着我心爱的赛车和遥控器,跟着大队伍来到了广阔的操场。到了四（2）班的场地,我们停了下来,开始用赛车来排方阵。最大的车排在最中间的最后一辆。然后从大到小进行排放，组成了"顶天立地"的大三角。摆好方阵后，老师用手机拍下了这美好的一刻。接下来到了擂台。最大的赛车在哪里？最小的赛车属于谁？最酷的赛车将花落谁家？共6个赛组，虽然我都比不过，但是我会为别的同学加油助威。我扭了扭身子，开始了我的赛车之旅。我的遥控器与众不同，它是一个方向盘。这时，我想：要是比谁的遥控器是最奇特的话，那肯定是非我莫属了。

——屠泽翔［四（2）班］

看，赛道上的炫车琳琅满目，有墨绿色的坦克、酷酷的越野车、灵活的遥控赛车、红色的消防车和挖土机，还有黑白相间的警车。整个操场成了车的海洋。男生们时而津津有味地玩着遥控赛车，时而围着自己喜欢的车左看右看，时而穿梭于人群之中。有的男生把消防车装足了水往天上喷，形成了有趣的喷泉，那洒落的水四散开来，好似垂挂的马尾辫，他们兴奋不已，不但不躲避，还一个劲儿地往水下凑，真像正在参加快乐的泼水节呀！太阳大概是被他们的快乐感染了，变得更加兴奋，散发出更热的光芒。

——季凌薇［四（3）班］

节日游戏
放飞儿童快乐梦想 >>

今年的儿童节有点特别，因为今年的儿童节遇上了学校的玩具节。我兴致勃勃地来到操场，刚把我的39辆汽车拿出来，同学们就一窝蜂涌上来。要不是我身手敏捷，赶紧拿上几辆，估计我都没得玩儿了。我带的汽车体积小、速度快，便于在小型汽车擂台比赛。我信心满满地以为，我一定是最后的赢家，但是却遇到了李天佑的一辆战无不胜的车。我先用一辆胖胖的车跟他比赛，可是没料到他的车底有个铲子，一下子就把我的车子给铲得四脚朝天，于是我吸取教训，用了一辆底盘非常低的赛车，干得他人仰马翻，最后2比2平局。

——吴雨轩［四（11）班］

男生们浩浩荡荡进入操场，来到展览车子之处。瞧，我们班摆了一个霸气的"110"。赛道上的炫车已经各就各位，速度与激情在这里精彩上演，载着我们的梦想，在童年的跑道上飞驰起来，气势如虹。操场上不时传来一阵阵欢呼，同学们一个劲儿地笑啊、跳啊、蹦啊，无比高兴，我像一只小鸟一样，在操场上自由地飞来飞去……

——周照函［四（14）班］

来到操场上，有着五彩缤纷、各式各样的车子。有黑红花车，有黄红汽车，有绿色坦克，还有自制的白水管坦克……我看见有的班级摆了保家卫国方阵、国泰民安方阵、医疗救护方阵等，对此我很欣赏，我想：这个方阵不错，要不我班也弄一个这样的吧！但我很快便打消了这个念头，抄袭别人的作品不好。突然，一道耀眼的白光射向我的眼睛，这是什么东西，怎么这么亮？我赶忙跑了过去，一探究竟。来到这个作品前，我被吓呆了。眼前这个作品不是雕刻的，更不是买的，而是作者用水管切成一小段一小段拼制成的。这是一辆坦克，它全身白色，盖子是用一根水管从中间剪开、摊平做的，它的上面还插了两面大大的五星红旗。红旗掉了，作者就跑过去把红旗又插了回去，这足以证明他的爱国之情。

——张史杰［五（5）班］

我需要准备赛车，可是我犯难了，我只有一辆乐高拼搭的赛车。家到学校距离不太近，外加一路颠簸，我担心这一块块积木搭的赛车经不住。可最后没有最佳方案，我小心翼翼把它装进了一个大包，背上背包，来到了学校。一到教室，我立刻融入了这个快乐的气氛中。比赛开始，我带着我的赛车和同学们一起奔向了操场。我们布置好班级比赛场地，然后各自拿出了赛车，开始比赛。一时间，大家的赛车都在操场上驰骋起来了。因为赛场上的赛车太多，遥控器们互相干扰，大家的车都学会了"自动驾驶"，个个都变得不听使唤了，不知怎的，一辆车撞上了我的玩具车。大家看了，心领神会，于是把玩具车升级成了碰碰车，你撞我、我撞你，好不热闹。

——范刘孜 [五（3）班]

　　操场上的车展令大家欢乐，教室里的赛车比赛令人振奋。车展的车五花八门，有用水管制作的、积木搭制的，也有从商店里买来的摇控汽车。大家玩得不亦乐乎，我也看得眼花缭乱。但最引人注目的，还是午饭后的赛车比赛。总共有13个人参加比赛，老师分了组，先一组一组的比，再13个人一起比。这最后一场才最精彩。你瞧！那辆巨大、绿色的越野车，在走廊上左扭右扭，时不时转个圈，不怕一万，只怕万一，它翻车了，轮子不停转动，却无力挽回。紧跟着越野车的那辆车好像跟它有"生死关系"，也倒下了。有一辆红色的小轿车，不停地变幻，在离终点1米时，可能因一直在变幻，没有电了，在呈现变形金刚形态时不动了。还有一辆车十分搞笑，它返回的时候，因为体型太大，竟把一辆辆体型较小的车给带了回去，我们看到后笑得前仰马翻，而那些被带回的车也十分无奈，好像在说："喂！你走开呀，不要挡我呀！完了完了，我输定了。"我们则笑得更欢了，都捂住了肚子。这次的六一儿童节让我热血沸腾。我们的笑声也长久地不能停歇！

——郭康睿 [五（5）班]

比赛开始了，果不其然，我的赛车如一匹脱缰野马，自由驰骋在操场上。它横冲直撞，目中无人，一切阻碍在它眼中似乎都是虚无缥缈的，就像四维看三维，万物都是透明的，不是实质，能随意穿过去。一辆车奔了过来，是一辆小黄车，它显得那么脆弱。我按下前进键，越野车奔了过去，黑色的车透出一股杀气，直指向小黄车。哈哈，小黄车这次是逃不了了，纵是能上天也躲不过我。近了近了，越野车前轮已经抵到了小黄车，只听"砰"的一声，小黄车被撞了，飞出去好远。它似乎"休息"了好一会儿，才重新启动，向它主人"爬"了过去。我很得意，也对那辆小黄车有些同情，它是再风光不起来了！一群车来了，杀气腾腾，像是要给小黄车报仇。哼，你来再多我也不怕。我再次按下前进键，越野车怒吼着往前冲去。第一排车早就不知道飞到哪里去了，后面几辆还懂得和我周旋，一会儿左拐，一会儿右拐，妄图扰乱我的步伐。我岂是能被打败的？我的车忽而前进，忽而转圈，搞得那些车晕头转向，再逐个击破。呵呵，不堪一击，都成了我的手下败将。我又大获全胜，成了"车王"。

——王钰玺［五（6）班］

　　上午，我们在科技动感的赛车世界遨游。速度与激情在这里精彩上演，载着我们的梦想，在童年的跑道上飞驰起来。飒爽英姿的战斗机，让我不由自主地想起它作战时穿云破雾的威武模样；无坚不摧的坦克，让我脑海里浮现出它在战场上英勇破敌的霸气模样；灵敏迅捷的无人机，让我仿佛看到了它在高空中巡逻、勘察地形的厉害模样。瞧！那些威武的赛车已经整装待发，势必要一争高下。看！实力雄厚的坦克紧跟其后。哇！无人机在空中上下翻滚，仿佛在骄傲地说着："地面是你们的地盘，天空可是我的领域。"我想：我要是能变成天空中翻滚的飞机该多好呀，想飞多高就飞多高，想飞多快就飞多快，想翻滚就翻滚，无拘无束。

——吴祺轩［五（11）班］

"这辆赛车放这儿！"我指挥着同学们将赛车排列阵队。一辆辆赛车样式不同：有的是炫酷的红色跑车，有的是白如雪花一般的巨型赛车，还有的是数字模型车，但最让我感兴趣的还是那辆深红色的汽车模型。除了那些炫酷的赛车外，还有一架架的无人机。不过在这么多模型中，最耀眼的还是我的白色阿波罗号火箭。阵队排好了，接下来则是度秒如年的等待时间。太阳光如毒蛇一般舔着我们，不知不觉中我们的嘴唇开始干裂，头发烫得可以烤鸡蛋。就在这时，同学们过来了，他们来参观了。当学弟、学妹们看到我的火箭时都不禁尖叫起来："天哪！火箭！"听着他们的惊讶声，我十分自豪。终于，同学们都过来了，我可以休息了。我向同学借了一个无人机，开始了我的无人机秀。"3，2，1，起飞！"无人机冲天一跃飞上了天空，我突然将它降下来，在就要坠落的时候，我又将它升了上去。旁边的同学吓得"啊啊"直叫。还有人大声叫起来："无人机坠毁了！"我被逗得哈哈直笑。快乐的游玩时间结束了，大批大批的观赏者们都来了，同学们四处参观去了，而我作为负责人则一直在摊上看着。我感到越来越热，嘴巴越来越干燥，有一种脱水的感觉。就在这时，旁边一位同学递来了一杯水说："喝吧。"我感激地看着他，也不推让，夺过水杯就"咕咚咕咚"

地喝了下去。枯燥的看摊活动，让人十分苦恼。没多久，同学们都走光了。正当我想收摊的时候，又来了一个班的同学。我只好快速地摆好阵型，让他们领略一下我们的最炫赛车。10分钟过去了，20分钟过去了，30分钟过去了，终于到了10：30，我们可以收摊了。那时的我，嘴唇干得一块一块的，想立刻飞回教室，拿起水杯"咕咚咕咚"地畅饮。可是说好了一起来拿玩具的同学们却迟迟未到，我们只好把玩具放在毯子上面，拖回教室。我累得精疲力竭，倒在座位上久久未动。但是因为参观我们摊位的人非常多，在那逗留的人也十分多，令我非常开心。因为我知道，我们班的车是最炫最酷，最吸引人的。经过这次活动，我明白了：不管做什么事，都要通过辛勤的劳动，才能获得美好的结果。

——马楚凡［五（12）班］

上午是炫酷的男生专场，还要评最小、最大、最炫、最快的赛车呢！刚走入操场，大量红色、蓝色、白色的遥控汽车飞入我的视野，一眨眼工夫就已经绕到操场的另一边了。绕着操场走了几圈，其他班的男生都在炫耀自己的车，这边儿摆着那边儿弄着，把自己的车弄得十分闪亮，嘴里还不停地喊着："快来看呀，最酷最炫的遥控汽车！"咱们班的男生一个个也都不甘示弱，遥控着自己的火箭、无人机在操场的每个角落都留下了痕迹。几个班都过来围观，有人还喊着："你看，多酷呀！"有几个懂直升飞机的男生，把那些飞机围得密不透风。有些人拿着跑车的遥控器，将那些车子弄得一会前俯一会后仰，一会来个急转弯，一会横冲直撞，甚至有的还从台阶上飞了出去。还有些车子做着高难度的动作，密密麻麻的汽车从我们的眼前闪来闪去。

——朱紫墨［五（12）班］

"六一"上午，我们排着队来到操场，参加"跑道上的炫车"这一活动。操场上，人山人海；赛道上，摆满了整齐的赛车、挖掘机、无人机、飞机……

好不热闹。每个班级前摆上了各色各样的海报，速度与激情、无人机展示，这些字一个接着一个浮现在眼前。我们三个一群、五个一伙的开始参观了。走着、走着，突然一辆车让我眼前一亮。咦？这是一辆消防车呀！它是由三个车轮与一个手柄组成的"大玩意儿"。"哈哈"，人群中传来了此起彼伏的笑声，定睛一看，原来它的轮胎里卡着一个灭火器，这个应该是刚刚装上去的吧，还没有卡紧呢！无人机也不甘示弱，操场上空不时传来"嗡嗡"的机器声，无人机驾到了。它们快速转着螺旋桨，从一个又一个同学的头上跃过，引得众人都忍不住仰望天空了。光有展览，也少了几分乐趣，因为不能忘了竞技，这不，它来了！倪石云哲与张仇杰的这场比赛可是不能错过的。只见倪石云哲操控着手上的遥控器，左一按，右一拨，那辆车就"嗖嗖"地跑了起来。张仇杰也操控起了赛车，两车开始了一场追逐战。不一会儿，张仇杰的赛车就追上了云哲的车了，可是云哲的车太大，所以无论张仇杰的车如何努力地追击它，它还是纹丝不动。第一次进攻失败了，渐渐地追逐战变成了持久战，二人操控的车始终不分胜负。这时，倪石云哲的脸上出现了一丝邪笑，好戏上场了，他突然调转车头，朝张仇杰的车冲了过来，"呼"的一声，撞在了张仇杰的赛车上，张仇杰被击败了，可是，倪石云哲操控的车好像不受控制了一般，头也不回地闯入了同学们休息的地方。哎呀！不好了……欢笑声、喝彩声、机器声、广播声交汇在一起，在我们的耳边回荡，在操场上空回荡，在校园里回荡；又借着风势，挤过人群，越过旗杆，绕过主席台，回荡在了校外的马路上。

——杨雅婷［六（2）班］

一年一度的儿童节又到了，这一次除了以往都有的班级活动外，学校还别出心裁地推出了"玩具节"系列活动，打破了循规蹈矩的活动流程。"六一"早上，我提着一辆崭新的红色跑车，一进门便看见班长王铎澄的座位被围得水泄不通。我好不容易挤进去一看，只见桌子上摆着一辆保时捷911赛车，我看着车上被拼好的零件，心中一惊：班长果然是班长，竟然把这么多零件

拼起来了。到展示时间了，我们把赛车摆在一起，王铎澄的那辆被放在中间，比其他的要大一圈，有一种傲视群雄的感觉。过了一会儿，攻守擂活动开始了，我们和王铎澄一起去打擂。到擂台区的最酷炫评选区后，我定睛一看，咦，怎么有两辆一样的赛车。我疑惑地望着王铎澄，他会意后回我一个"有人的车和我的一样"的眼神，我有些许紧张：这怎么分胜负呢？但只见王铎澄胸有成竹地问了对方三题——第一题对方便答错了，王铎澄乘胜追击继续提问，结果对方一问三不知，悻悻地走了。我心想：不愧是班长，从头到尾都抓住主动权。正当我松了一口气时，竟又有两个人拿着一样的车过来了。我的心又提到了嗓子眼：怎么又有一样的车来了，这次是谁胜谁负呢？双方展开了激烈的争论，在剑拔弩张之际，比赛的评委老师走了过来，大家立马围住了她，请她来评判。可评委老师却喜欢不被看好的自制木车，理由很简单，因为是自制的，具有唯一性，也比买的更有意义。大家都傻眼了，评委老师竟偏向于一辆名不见经传的车。可事已发生，大家回天无力。最终，我们被淘汰了。我有些失落，毕竟第一次守擂就失败了，而且输得很彻底。但这一次失败让我明白：自制优于购买。以后的活动还是要优先选择自制啊！

——王冒阳［六（3）班］

"玩具节"——是我们学校新创设的节日，第一次活动就选在儿童节当天。盼着盼着，终于到了那天，我们排着整齐的队伍，到操场上去参观各个年级推出的炫车。先从低年级开始：说实话，我不得不佩服小朋友们的动手能力。你瞧，有用水瓶做成的小车，有用硬纸板做的赛车，有用木棒和纸片糊起来的车子……到了三、四年级的展区，车的种类就更多了：像什么坦克、四驱车、挖掘机、攀爬车……应有尽有，令人眼花缭乱。终于到了六年级的展区，哇，好多的乐高积木车啊，真想上去玩一玩，看来男孩子都抵挡不住这种诱惑啊。

——李嘉程［六（5）班］

尘土飞扬，尖叫不止，一阵阵汽车轰鸣声打破了校园的宁静，只见一辆辆小小的遥控车在车手们的手下活灵活现，它们好似离弦的箭一般冲向前去，时而你在前，时而他在后，不知道的还以为是顶级赛车手之间的对决呢！一辆好车，往往需要一个更加优秀的车手。车手们紧握手中遥控器，目不转睛地盯着自己的车子，不敢有一丝松懈。同学们挥动着手中的气球和彩带为他们加油助威。"快到终点了，快到终点了！"小冯对着我狂叫道。究竟谁能一举夺魁呢？此时，小范的红色敞篷赛车一马当先，小马的绿色越野车也紧随其后，其他车手也不甘示弱，奋起直追。说时迟那时快，越野车轰的一声"飞过"沙坑，超越敞篷车，冲过了终点。我们所有人见状都拍手叫绝，小马见车子胜利了，立刻摆出了一副胜利的姿态，脸上也洋溢出灿烂的笑容。

——郭启勋［六（7）班］

六一儿童节的到来，给我们带来了无比兴奋与激动的心情，也许连天空都觉得触手可及吧。玩具节恰好和儿童节是同一天。我们排着井然有序的队伍走在操场上参观着，这儿的车可真是各式各样啊！有黑色炫酷的小汽车，有大而灵活的卡车，还有小巧可爱的自行车。仿佛此时的操场已经变成了错综复杂的道路，任由这些玩具车奔跑。突然，有一辆用积木拼成的巨大赛车，红黑交加的车身、栩栩如生的构造很是醒目。"小心一点！别弄坏了！"旁边站着一个大概四五年级的小孩，跟个小老头似的，背着手，盯着我们。如果有人夸奖他的模型，他便微微一笑，如果人多时，他又神情紧张地望着那宝贵的模型，生怕被踩坏了。操场上暖暖的阳光掺杂着我们的微笑，一切都是暖暖的。

——王娅男［六（9）班］

二、女生专场

今天，最让我期待的就是，我和几个同学给大家表演了《灰姑娘》的舞台剧，演着演着，我觉得我们都成了童话里幸福的小公主。"六一"是快乐的，"六一"是幸福的，真希望每一天都是儿童节！

——仇艺景［一（6）班］

下午，我们几个女生拿着自己心爱的芭比娃娃参加了《芭比娃娃故事之不要斤斤计较》的情景剧表演，我演的是一名同学。通过这个故事表演我明白了：在生活中，我们要适当原谅别人的一些小过错，不要觉得自己有理就揪住别人的缺点不放，人与人之间要宽容大度一些。

——张馨予［一（11）班］

盼星星，盼月亮，终于迎来了"六一"儿童节。这一天我格外开心！早上，妈妈给我准备了漂亮的公主裙，美丽的芭比娃娃。转眼就到了下午，芭比专场开始了，城堡、森林、冰雪王国……我们可爱的"芭比公主"演绎着多姿多彩的故事。啊！这就是我的"六一"，我最开心的节日！

——王思洋［一（14）班］

第四章　创意节日游戏

"哇！这也太好看了吧！""对呀对呀，好想拥有！"还没走到其他班的地点，我们班几个女生就议论起来了。我顺着她们手指的方向望去，果然，一大堆美丽的芭比娃娃映入眼帘：有的娃娃散着头发，有的扎着马尾辫，还有的编着小辫子。一个个娃娃在阳光的照射下显得格外迷人，好看极了！她们穿着五颜六色的裙子，有那么一瞬间，我感觉我就是那娃娃站在那里，穿着美丽的公主裙。

——吴梦宇［一（15）班］

女生芭比娃娃的换装活动开始了。只见身穿蓝色长裙的1号小仙女向我们缓缓走来，长发飘飘，非常漂亮；再看2号小公主也不甘示弱，穿着紫色碎花裙、踩着高跟鞋，自信满满地跟众人挥手微笑，也漂亮极了。大家就像一个个花仙子，美得各有风格。

——徐子睿［二（1）班］

下午，到了女生专场，我激动万分，活蹦乱跳，拿着自己的娃娃，越看越美。到了专门的地点，我赶忙把自己的娃娃放在了最前面，好让别人看得清楚。可是我那个娃娃却很淘气，没一会儿就把帽子掀起来，竟然把

63

蝴蝶结碰掉在地上，别人对她指指点点的。我撅着红红的小嘴，皱着眉头，心想：娃娃啊娃娃，你怎么那么不争气？我的脸都要被你丢尽了……

——季缪墨［二（5）班］

老师带领我们走进了童话的世界——芭比娃娃比美大赛。我给我的芭比娃娃穿上了粉红的百褶裙、粉红的高跟鞋，还搭配了精美时尚的包包。看上去漂亮极了！比拼开始了，在一次次的选拔中，我的娃娃脱颖而出，最终在班级胜出了。大家都夸我的娃娃很漂亮，我特别开心。

——范包涵［三（7）班］

我们走进了如梦如幻的公主城堡。芭比娃娃们有的披着海藻似的长发，有的扎着美丽的辫子，还有的像古人一样把头发扎成了一个小丸子。娃娃们身上穿的衣服更是让人眼花缭乱：有古色古香的长裙，有五颜六色的羽衣，还有时尚靓丽的短裙。她们用骄傲的目光看着我们，像是在和我们比美呢！芭比娃娃们三个一群，五个一伙，就像在开茶话会似的。"城堡"里也热闹极了！

——薛孙阳［三（9）班］

第四章 创意节日游戏

　　我的重头戏来了，我、仇煜蓉和席铭报名参加了女生专场"城堡里的公主"节目。我们3人把一篇童话故事改编成了情景小话剧。这可是我第一次登台表演，我抓紧时间做上台前最后的排练。到我们上台了，我把一座富丽堂皇的城堡放在舞台中央，席铭把3张精致的沙发摆在城堡前，仇煜蓉让3位身穿艳丽礼服的漂亮芭比娃娃坐在沙发上，话剧情景摆好了，我们在同学们期待的眼神中开始了表演……在我们谢幕鞠躬的时候，台下响起了雷鸣般的掌声，我们成功了！

——李璐瑶［三（6）班］

　　虽然今天很累很热，但我看到了成功在向我们招手，我们的芭比娃娃专场被很多人驻足称赞。我们的芭比公主好似仙女下凡，一个个貌美如花，衣服上的花纹精致得像人工画出来似的，妆容和布料组合得天衣无缝，没有一点瑕疵。由于我的娃娃衣服设计简单，于是在展览前我想了一个妙招，我拿出了白色粉笔和粉色粉笔，在它的脸上画了几笔，用手涂均匀，哇，它的脸庞立刻变得像花儿一样娇艳欲滴。我再把其他部位都画好，一下子我的娃娃从众多芭比公主中脱颖而出，显得与众不同啦！

——王蒋慧昱［四（4）班］

　　女生们的娃娃换装游戏开始啦！栩栩如生、眉清目秀、亭亭玉立的公主们迈着轻盈的步伐、唱着欢快的歌登场啦！黄色头发的爱丽丝、棕色头发的贝尔、黑色头发的白雪公主、灰色头发的多洛莉丝公主……她们挥动着魔法棒，让我们个个都变成了公主，带领我们走进美丽的城堡。我们一起讲故事、背古诗、讲笑话、学唱歌，我们沉浸在甜蜜之中！每个公主都非常漂亮，都是那么独一无二。

——张何涵煜［四（6）班］

你瞧！她们个个金发碧眼，穿着清秀的连衣裙，脚穿着丝袜蹬着高跟鞋，脸上画着精致的淡妆，真令人怜爱！我们把娃娃摆成一个倒三角，我的娃娃被摆在最顶端的位置。参观的小朋友们来了，他们像小鸟一样叽叽喳喳评论着："哇，那个灵公主好漂亮呢！"灵公主的主人小吴脸上立马露出了欣慰的笑容。"天哪，那个娃娃的衣着和妆容都好精致呀！"一个小朋友手指着一个娃娃，情不自禁地夸赞道。小宗看到被指到的是她的娃娃，脸上不禁挂上了得意的笑容。当然，还有令人啼笑皆非的评论，我下次再告诉你吧！我们还准备了《芭比舞会》这个小节目，其他班也是铆足了劲儿，准备了《芭比茶会》《芭比减肥记》等，真是五花八门！

——丁汝怡［四（8）班］

　　城堡里的画面真是让我心旷神怡：只见高大的墙门上挂满了粉白相间的气球，一种梦幻的感觉油然而生。我觉得自己就像是城堡中的某位公主，在富丽堂皇的城堡里翩翩起舞。道路两边是每个班展示的娃娃们，她们穿着华美瑰丽的衣裙。每个班上都有许多同学向我们热情招手，希望能吸引我们的眼球。我和朋友一边拉着手缓慢地向前走着，一边欣赏着沿途的娃娃们。走着走着，一个身着华服的美丽娃娃映入我的眼帘。她的头发又黑又直，还闪烁着亮丽的光泽，仿佛飞流三千尺的瀑布倾泻而下。她的头发在风中飞舞着。她的眼睛又大又黑，仿佛刚出生的小孩子般明亮的双眼，宛如两颗晶莹剔透的大黑葡萄。她的眼睛如同真人一般，盯着她的眼睛看，仿佛有两个浩瀚星海，不停地在她眼里迅速旋转着。睫毛也是又长又卷，整整齐齐的两排，宛如两把大刷子。小巧玲珑的嘴巴，嘴角微微向上翘起，如同一颗鲜红的樱桃。身上穿着一件汉代的舞裙，真像一位美丽的舞女，又如同一位琴棋书画样样精通的才女，十分优雅。我痴痴地望着那个娃娃，仿佛这个世界只有我和她两个人了。我不顾世界的喧闹，痴痴地站立在那里，嘴里不停地赞美着："太美了，真是太美了！"

——李陈钰［五（7）班］

　　一个个可爱、美丽动人的芭比娃娃身材高挑，那白里透红的小圆脸上，有一双晶亮的眸子，明净清澈，灿若繁星。高贵的神色自然流露，让人不得不惊叹于她那清雅灵秀的光芒。仔细看她的眼睛，分明是一幅美丽的夜景图：蓝的天幕上，弯弯的月牙儿被一丝丝云彩稍稍遮住了些，还有小星星在闪烁着亮光呢。小巧玲珑的高鼻梁上架着一副漂亮的时髦眼镜，下面是一张红艳艳的樱桃小嘴，两层薄薄的嘴唇中间露出了一排雪白的牙齿。金黄色的头发，像瀑布一样飞洒到腰间，像海草一样轻盈。她穿着一件漂亮的泡泡裙，裙子上面还镶嵌着紫色的花边，看上去如天女下凡，脚上配了一双高跟鞋，像童话世界里骄傲的公主。

——于心蕾［五（7）班］

　　下午是女生专场——城堡里的公主，各式各样精致的芭比娃娃排成长龙。每位女生对待自己的娃娃都小心翼翼，捧在手里怕摔了，含在嘴里怕化了，放在展示台上怕被拿走了。大家我挤你，你挤我，不想错过任何一位公主，一睹芳容。咦，前面一阵骚动，快步走上前一看，原来是妈妈的巧手将女生们都装扮成公主了，精致的妆容和衣裙引来了同学们的惊叹声。

——陆浥晨［五（8）班］

男同学们手握赛车，气势昂扬；女同学们手捧芭比娃娃，脸露欢喜。原来今天不仅是全世界儿童的节日，更是安定学子的玩具节。欢笑伴随着时间一同流逝，下午很快来临了。女生们各个咧开嘴，捧着娃娃来到指定地点，开始了自己的表演。我和同学们来到六（3）班的指定地点后，开始了卖力地演出。初期的表现并不尽如人意，全场乱哄哄的，根本听不清对方在说什么，闹出了许多笑话，令人啼笑皆非。但很快大家都安静了下来，仰起头望着早已因为大声指挥而满脸通红的我，等待着我发令。我握着卷成话筒形状的编稿，喊道："大家听好了，本导演命令你们到各自要表演的地方等待开机！"这令人发笑的话令全场人都笑声不绝，但每个人对待自己的职责都毫不马虎。很快就有低年级的弟弟、妹妹来了，小妹妹们扎着两个小辫，扬着红扑扑的小脸面带微笑，昂首挺胸地走在最前面，十分可爱。看到令她们大开眼界的娃娃更是爱不释手。我大举手臂，做出开机姿势，一声令下："开机！"同学们都卖力地念着台词，很快就吸引来了许多小观众。随着剧情的发展，她们时而开心，时而懊恼，时而又恨铁不成钢，那惹人爱的小表情别提有多可爱了！同学们看到自己的角色或表演令学妹们十分喜爱，每个人的心里都像抹了蜜一样甜，别提有多自豪了。我的心里也喜滋滋的。

"六一"节，一个令人开心又成长的节日。六年级的同学们各个感慨万分，

心里又开心又有惋惜，都巴不得再重新过一次，重新闹一次，重新笑一次。虽然"六一"节匆匆过去，但这纯真的笑声却深深地刻在了我的心里，留在了书声琅琅的校园里。

——薛钰婷［六（3）班］

儿童节这天，学校特意为孩子们布置了两个主题专场，分别为男生专场和女生专场，这怎能不让一个小孩为之心动呢？太阳渐渐升到了半空中，火辣辣地烤着大地，孩子们个个脸上虽然热得通红，但都洋溢着笑容。女孩子是芭比娃娃专场，女孩子们带上自己心爱的芭比娃娃，到场地后，布置完场景，就开始为前来参观的人表演她们自己编的故事了。我们班见其他班场景都布置好了，也不甘落后，急忙开始布置场景，大家个个着急忙慌的，似乎都想把那"一亩三分地"装饰成一个城堡，但是弄巧成拙，反而装饰得像一个乱糟糟的房间。最后，我们通过商议决定，把森林的背景请人举着，之后表演的人拿上自己要用的道具。我们就开始等待其他人来看我们的表演了。在此之前，我们一而再，再而三地排练，就是为了今天给大家奉献一场完美的表演。这时，一个三年级的班级来到了这里，大家立马拿起了道具，准备开始表演。大家脸上看似非常自信，内心却是十五个吊桶打水——七上八下。他们坐在地上等待我们演出。我们拿起了道具，认真表演了起来。虽然我们的故事不是最精彩的，但三年级的同学个个都看得十分入迷，这让我们都开心极了，让我们感到之前的努力都没有白费。表演结束后，三年级的同学给我们送上了热烈的掌声。这时，我们的心情早已和之前不一样了，脸上和心中都笑开了花。欢乐的时光总是短暂的，一不留神，就到了快放学的时候了，没办法，我们只能依依不舍地离开了场地，回到了教室。这是我最开心的一个六一儿童节，也是我最后一个儿童节，毕竟我已经六年级了，是时候与儿童节说再见了。再见，陪伴我十二年的儿童节。

——吉曼琪［六（3）班］

三、"家长达人"专场

这个六一儿童节中，使我最难以忘怀的便是抖空竹这个环节了。抖空竹的是一位老爷爷，他长着一张圆圆的白果脸，五六十来岁，个儿不高，但很有精神气，一双乌黑光亮的眼睛像两颗黑葡萄一样炯炯有神。眉宇间透露出一股孩子气，嘴角总是有一丝淡淡的微笑。只见他轻松自如地抓起杆，先眯着眼睛抖了一会儿，然后加速，接着做了好几个往外抛的动作，旁观的同学情不自禁地大声喊："好！好！"听我们几个同学这么一说，那位老爷爷更来劲了，一下子做了好几个外抛和望月。最引人注目的便是向外抛后再接上杆。你瞧！他先做了个外抛，再把右脚往后退了一步，然后把左手往上一提，右手也跟着往中间一伸，空竹也就顺势跑到了杆上，快速地转动着。空竹转动时发出了悦耳的声音，十分好听。他熟练地抖着空竹，空竹呼呼地转着，忽然，空竹被丢了出去，它像一只小鸟，在天空中翱翔，但又像折翼的小鸟，掉了下来。而那位老爷爷却不慌不忙地抬手一举，空竹就稳稳地落在线上，旋转着。持续了好长一段时间，我们开始为那位老爷爷担心了。"空竹会不会掉下来？"有些同学问道。乍一看，老人的手臂悠然摆来，悠然摆去，丝毫没有要停下来的意思。我们不禁感叹道，熟能生巧，遇到困难只要多加练习，就能成功。

——刘雨晗［五（4）班］

第四章 创意节日游戏

在校园中有一颗最闪亮的星，那就是家长玩具达人们。我参与了其中一个活动——跳大绳。学生们把达人包围起来，围了三四圈，水泄不通，我急忙挤进去，也想目睹精彩。只见两个达人拉着有四五米长的绳子，站在两边，一交接眼神儿，仿佛心有灵犀，一起摇动起绳来。一个女达人看准时机，当跳绳又转完一圈时，她立刻小碎步跑到绳子边，两脚在地上轻轻一踩。绳子绕过来了，她不紧不慢地跳起来，嘿，绳子正好从她的脚下完美绕过。其他女达人也一一跳过来，每个人的双脚都同时起跳，同时落地，动作很有活力，轻松自如。看着达人们的精彩表演，我不禁也想尝试尝试。哈，真是天助我也，当达人们跳完后，老师说道："同学们也来试一试吧！"我和好几位同学不约而同地去尝试了。大家站在绳子边，每个人都分开一定的距离。我站在最前面，自然跳的时候要用力一些，要跳得高些。只听见达人们喊道："3，2，1！"每个人都屏息静气，提高注意力，所有人的目光都盯着绳子。绳子绕过来了，我们奋力一跳，却不小心被腿给勾住了。大家没有气馁，没有放弃，虽然连续尝试了几次，都失败了，但每次尝试都要比前一次进步了许多。最后一次，我深吸了几口气，紧盯着那根即将要摇动起来的绳子。"3，2，1！"大家的双脚同时起跳了起来，每个人的头发也仿佛感染到了我们的激情，在脑后随意飘荡。1个，2个，3个，4个，5个！每个人都气喘吁吁地停了下来，但每个人的脸上都洋溢着笑容。我们一起成功跳了5个大绳！场边的观众们也响起了最热烈的掌声。这次跳大绳，我们收获了团结、合作的快乐。齐心的我们，团结得又固又牢，就像修剪了的树木，生长得又直又高。

胡裕婕［五（4）班］

跳大绳、萝卜蹲，一切都比小时候玩的游戏技术含量高得多；芭比娃娃、赛车，既有童年的记忆，又玩出了新花样。总之，一切都很美好，我想，2020的儿童节，注定会记忆深刻，无法抹灭。而记忆最深刻的，非属跳大绳不可了吧。结实的绳子，那么大，那么长，单单看着就觉得没那么简单。果不其然，看上去不难，做起来难，看上去难，做起来更难哪。六七个人一组，平均分开，大绳要从每个人的脚底下掠过才算完成一组。一出场便来了个下马威，大小孩子混合一组，"哗"

一组绳子甩过去，有的被打脸，有的跨过去了，毫发无损，还有的一只脚跨过去了，另一只脚却停留在原地，好一个凌乱的场面，乱成了一锅杂烩、一锅粥。几组过去了，每组却都是一样的下场。但令人振奋的是，我们班的女生出场了，她们的默契度，那是没的说。我们班说一，无人说二。按照个子高矮排好，一声令下，齐刷刷，一同跳过了绳子，马尾辫儿在空中摆荡，那一个个身影，画出了笔直的线条。"1，2，3，4"就这样循环反覆着这套动作，居然跳了4个！虽然每个人跳出的高度不一样，但是，毫无疑问，她们有着共同的目标，她们也为着共同的目标奋斗着，这便是努力的真谛。太阳很高，很烈，照射着大地，照射着我们。因为我们也是一轮轮炽热的小太阳啊。我们的嘴角也飞上天去了，与太阳一起，身体暖暖的，心也暖暖的。在繁忙的学习中，有这样快乐而又充实的一天，这是对我们的恩赐。在这一天里，我们仿佛拥有了全世界。

——刘逸萱［五（6）班］

阳光从树叶的缝隙中穿过，在地上一点一点地跳动。清风吹过，叶子也欢喜地不住抖动，"六一""六一"，每年都一样，欢乐不减，整天都有溢出的喜悦。简简单单的游戏便能让我体会深刻，就像今天的跳绳。今天的跳绳和往日不同，有很多人站在一起同时跳，难度增加，便是考验团结的时刻。起初，在众多人的目光下，我手心里都出了汗，忍不住把手塞在口袋里，想着只要我自己跳过去就可以了，不用那么尴尬就可以了！我在心里鼓励自己，深吸一口气，看着摇绳子人的手势，做起了准备。绳子快速摇了过来，但在我眼里它仿佛就跟个慢动作似的，让人很煎熬，我闭上眼睛，使劲一跳，只见我稳稳当当地落在了绳子的那一侧，当我准备再跳的时候却发现，很多人都没有过去。我还没来得及思考，绳子又摇了过来，在慌乱中我又急忙一跳，还好，我又过来了，可是依旧有那么几个人失败了。我开始有所体会，本来我只想着自己能跳过去就可以了，却没有想着如何能让别人和我一起跳过去，我没有融入团队，即使自己跳过去了又怎么样呢？我用余光看了看别人，又看了看自己的鞋，在心里为自己打气，"3，2，1"，我奋力跳了起来，发丝在飞扬着，我的心似乎也在飞向天空，闯进森林，越过大海。每个人都稳稳地落下，我的心里充满希望，又是一跳，一样的动作，一样又成功了一次，感受就更加多了。"神采飞扬少年气"的我突然深有体会，团结很重要，但更要有默契，要想让一个团体成功，就要完全融入进去，不仅要为自己着想，还要为别人着想。一个人可以超越曾经的自己，一个团队也可以超过曾经的"团队"，这个道理，大家不是不知道，试一试就能轻松体会！每次在这个属于我们的节日，在这个体会成长的节日，我总能感受甚多，在欢乐中慢慢懂得更多，也让自己变得更加优秀……

——姚芊羽［五（6）班］

听着"啪——啪——"的声音，我们赶紧赶了过去，原来这是绳子的甩地声。看着被绳子打飞的灰尘，我们都吓得赶紧往后退，离绳子远远的，生怕被绳子打到。参加跳绳的同学们有秩序地排好队，长绳有节奏地甩起来了，犹如金蛇狂舞，发出一阵"呼呼"的响声。绳子在空中划过一道道美丽的弧线，像彩环一样飞舞起来。甩绳子的两个很有默契地配合着，只见一个优美的弧线来回摆动，她们如长龙般地跳跃起来了，一个个鱼贯而入，同学们个个就像插上了翅膀一样，轻而易举地跳过了长绳。"1个，2个，3个……"我在后面数着，她们一个个身轻如燕，就像小飞侠一般。她们把手当作翅膀，又蹦又跳，头发在背后甩来甩去的。此时的她们，像松鼠似的上蹿下跳，像猴子般跳跃，像燕子那样疾飞，像喜鹊一样活

节日游戏
放飞儿童快乐梦想 >>

泼得很……长绳似乎通了灵性，不折腾，不捣蛋，乖乖巧巧，如同一只被主人驯服的小兽。一排跳长绳的同学，一样的速度，一样的步伐，一样的姿势，一样的花样，让人越看越像一支特别训练的队伍。一不小心踩到了绳子，大家也不气馁，相互打气。瞧，她们配合得有声有色，天衣无缝，每一个人都陶醉在欢乐的氛围里了。童年犹如一幅画，一个个彩色的贝壳点缀着这幅画，其中一个最美丽的贝壳就是过儿童节时的快乐，让我们走进这五彩缤纷贝壳点缀的画吧。

——左宛鑫［五（6）班］

夏老师请来了一位有趣的家长——肖梓涵爸爸，他教了我们一个有趣的游戏——拍洋画。我们每个人都分到了两张洋画，不一会儿，教室里就响起了一阵阵拍桌子的响声，有的小洋画很听话地翻了过去，可有的小洋画只动了一下，就又稳如泰山地躺在了那里。有的同学有点气馁地放下洋画，可有的同学却不服气，硬是把洋画拿出来再拍了几次。

——秦婧涵［五（11）班］

游戏日

如皋市安定小学创意节日之游戏日活动方案

一、活动日期： 6月1日全天

二、负 责 人： 各学科备课组长

三、活动形式： 各班的任教学科老师组织进行课堂教学游戏

各年级游戏一览表

一年级							
语文	数学	道法	科学	音乐	美术	体育
成语接龙	算术游戏	抖夹子	纸飞机	小猫钓鱼	神奇的线条	快乐的轿夫

二年级							
语文	数学	道法	科学	音乐	美术	体育
集体造句	二十四点	抓手	纸飞机	击鼓传花	神奇的线条	沙包接力

三年级								
语文	数学	英语	道法	科学	音乐	美术	体育
正话反说	我见过你	手指游戏	运宝进洞	纸牌堆高	杯子舞	你画我猜	幸运绳

四年级								
语文	数学	英语	道法	科学	音乐	美术	体育
传声筒	拍七令	Pass Saying	看我弹弹弹	纸牌堆高	杯子舞	你画我猜	幸运绳

五年级								
语文	数学	英语	道法	科学	音乐	美术	体育
叠词接力	巧移火柴棒	Big Wind Blows	爱心传递	纸桥承重	我爱记歌词	百变名画	跳大绳夺帕

六年级								
语文	数学	英语	道法	科学	音乐	美术	体育
我爱记诗词	数独	蒙眼猜职业	一箭倾心	纸桥承重	创编节奏	百变名画	超级风火轮

四、其他工作

1. 全校学生不带书包进校园，只带与游戏相关的物品。如有特殊要求，要提前通知学生准备。

2. 各班班主任提前布置好教室，体现游戏主题，鼓励学生自己动手。

3. 学校门口电子屏负责人：马永（游戏活动标语、相关游戏名言轮回播放）。

4. 照片拍摄：各班主任选取能充分体现活动的精美照片2张，并以"班级+学科"命名发级部主任，收齐后各主任打包发万亚，留作微信推送用。

5. 活动文字稿：万亚，曹海清。

    微信制作：曹海清，陆君雅。

6. 后勤保障：朱祥。

一年级游戏日学科游戏一览表

【语　　文】成语接龙

【游戏玩法】 前后两句相接成语的关键字必须是同一汉字；成语必须由4个字组成；每人出成语只限一条，而且不准连续出，只能隔次出，如某人接龙一次成语，不得再次接龙，只能等别人接龙后才能再次接龙……

【数　　学】算术游戏

【游戏玩法】 开火车从1数到100，老师任意规定一个炸弹数字，当数到这个数时就用拍手代替，不小心说出则视为失败，接受惩罚。

第四章　创意节日游戏

【道　　法】抖夹子

【游戏玩法】分两组，5~10人一组，每组自己将夹子夹在衣服上，在一分钟里，抖下夹子多的一方为胜，有奖。

【游戏道具】不同颜色的夹子20个。

【科　　学】纸飞机

【游戏玩法】在5分钟内用一张A4纸折成1架纸飞机，于同一起跑线扔出，飞行直线距离最远的纸飞机获胜。

【游戏道具】1张A4纸。

【音　　乐】小猫钓鱼

【游戏玩法】学生戴"小猫"头饰"钓鱼"，教师随机排列"小鱼"顺序，并指导学生按"小鱼"卡片的顺序识谱。或每组推出一名同学，代表本组参加比赛。

【游戏道具】做4张视唱卡片，每张卡片的左上角编上号，将4张卡片依次贴在黑板上，然后将4张卡片的编号分别写在"小鱼"形状的卡片上。

【美　　术】神奇的线条

【游戏玩法】1. 抽签选择一人随机画一组线条。

2. 其他玩家展开想象，将线条改画成任意形象。

3. 改画效果好且次数最多的玩家获胜。

【游戏道具】记号笔、白纸若干。

【体　　育】快乐的轿夫

【游戏玩法】4人一组，两组同时进行游戏。4人拿2根体操棒将一个篮球从起点运到终点，在运球的过程中，若球落地，必须把球放好以后再继续进行，先到的一组获胜，有奖。

【游戏道具】体操棒4根、篮球2个、筐子2个。

二年级游戏日学科游戏一览表

【语　　文】集体造句

【游戏玩法】分成若干小组，每一小组第一位组员准备好 1 支笔和 1 张空白纸，游戏开始后每小组第一位组员随意在纸上写一个词，然后将笔和纸传给第二人，第二人按要求写完一个字后交给第三位组员……直到组成一个句子。最后以句子通顺、先举起造好句子的小组为胜，并以这个句子为材料说一小段即兴演讲。

【数　　学】二十四点

【游戏玩法】给出 4 个数字，用加、减、乘、除（可加括号）把给出的数算成 24，每个数只能使用一次，先算出的获胜。

【道　　法】抓手

【游戏玩法】每次 4 人一组围成一个圈，每人伸出自己的左手，掌心向下；同时伸出右手，食指顶住右边参加者的左手手心。主持人开始放音乐（或读一段文字，里面有重复的词），只要音乐一停（念到这个词），就立刻用左手去抓住别人的右手手指，并把自己的右手手指从别人手心里逃脱出来。被抓住手指的人逐次淘汰，最后一人获胜。

【游戏道具】准备一段文字或一段音乐。

【科　　学】纸飞机

【游戏玩法】在 5 分钟内用一张 A4 纸折成 1 架纸飞机，于同一起跑线扔出，飞行直线距离最远的纸飞机获胜。

【游戏道具】1 张 A4 纸。

【音　　乐】击鼓传花

【游戏玩法】主持人背对大家，其余人接龙传递花朵，当主持人敲击桌面视为停止，花朵停留在谁的桌上，就要接受惩罚，表演节目。

【游戏道具】准备1朵布质的花。

【美　　术】神奇的线条

【游戏玩法】1. 抽签选择一人随机画一组线条。

2. 其他玩家展开想象，将线条改画成任意形象。

3. 改画效果好且次数最多的玩家获胜。

【游戏道具】记号笔、白纸若干。

【体　　育】沙包接力

【游戏玩法】游戏分成2组，每组3人，设起点和终点，相距10米。两组队员全部站在起点，每组都派一人站在起点后，听到裁判发令后，用双脚夹住沙包往前抛，抛到终点后，继续往回抛（不得用脚踢，如果踢了，回到用脚踢的位置重新开始）。回到起点后，其他同学继续进行，全部队员最先完成的获胜。

【游戏道具】沙包4个。

三年级游戏日学科游戏一览表

【语　　文】正话反说

【游戏玩法】1. 选几个口齿伶俐的人参加游戏，主持人要事先准备好一些词语。

2. 主持人说一个词语，参加游戏的人要反着说一遍，比如"新年好"，游戏者要立刻说出"好年新"，说错或者懵住的人即被淘汰。从3个字开始说起，第二轮4个字，第三轮5个字，以此类推，估计到5个字以上的时候，游戏者就所剩无几了。

3. 最后剩下的为胜利者。

节日游戏
放飞儿童快乐梦想 >>

【数　　学】我见过你

【游戏玩法】1. 两人合作，洗牌，把扑克牌洗均匀，叠整齐，背面朝上，从上往下翻牌。

2. 第一盘学生A翻牌，两人抢答。大声说出扑克牌的名字，要说出花色和数字，如方片3、梅花K、黑桃6等。1副牌用完，这一盘游戏结束，最后各自数出自己得到多少张牌，得牌多者获胜。

3. 第二盘再由学生B翻牌。每一盘的结果都要记录。

【游戏道具】1副扑克牌。

【英　　语】手指游戏

【游戏玩法】老师在前面读单词，并伸出手指左右晃动。学生跟读单词，当老师停止时，学生的头要转向跟手指相反的方向。

【道　　法】运宝进洞

【游戏玩法】每2人为一组，6组同时进行。参加游戏的人面对面坐下，1人用勺子舀玻璃弹珠，1人拿筷子夹，要把盆子里的玻璃弹珠都放到另外一个盆子里，一次只许舀或夹一个，运"宝"的过程中不得用手碰弹珠。游戏时间为1分钟，在规定的时间内运输玻璃弹珠数量多的那一组获胜，有奖。

【游戏道具】玻璃珠、筷子、勺子若干。

【科　　学】纸牌堆高

【游戏玩法】3人一组，在半小时内，用1副扑克牌进行堆高（纸牌可以折叠），要求30秒稳固不倒。以最高的一张纸牌距离桌面的直线高度计算，最高的一组获胜。

【游戏道具】1副纸牌。

【音　　乐】杯子舞

【游戏玩法】根据老师的节奏，模仿传递，由易到难，最后结合音乐演绎。

【游戏道具】每人准备1个纸杯。

【美　　术】你画我猜

【游戏玩法】1. 一人在白板上用绘图表示成语的意思。

2. 其余玩家猜绘图所形容的成语。

3. 答对成语次数最多的获胜。

【游戏道具】成语若干、记号笔、白板。

【体　　育】幸运绳

【游戏玩法】8人，2人一组，4人站左边，4人站右边。由右边的人任选一根绳子，老师把绳子另一端打乱，放在地上。哨响后，左边的人以最快的速度选一根认为是自己同伴的绳子并拉绳子，如果拉错同伴，就失败，拉对有奖。

【游戏道具】每组准备1根绳子。

四年级游戏日学科游戏一览表

【语　　文】传声筒

【游戏玩法】1. 选择一段课文或成语。

2.5 人一组，并排站立，第一个人看好文字后用动作向后面的传递，猜的人可以说出自己的猜测，后面的人需要戴上耳机播放音乐，不能听到前面人的声音。

3. 最后一人说出正确答案则胜利。

【数　　学】拍七令

【游戏玩法】多人参加，从 1～99 报数，凡报到"7"或 7 的倍数时，不许报数，要拍下一个人的后脑勺，下一个人继续，若有人拍错或报错，则接受惩罚。

【英　　语】Pass Saying

【游戏玩法】全班分成几个组，排队站好。老师对排头的学生悄悄说句话，这个学生将这个句子传说给第二个，按此方法一直传到最后(记住要悄悄地传、秘密地传)。到最后能够传得又快又正确的组将获得胜利。

第四章 创意节日游戏

【道　　法】看我弹弹弹

【游戏玩法】用粉笔在地上和墙上各画一个边长60厘米的方框，参与者用乒乓球砸向墙上的方框内，乒乓球必须落在地面的方框里，再反弹，参与者最后用一只手接住球获胜。（比赛可以2人同时进行）

【游戏道具】乒乓球4个。

【科　　学】纸牌堆高

【游戏玩法】3人一组，在半小时内，用1副扑克牌进行堆高（纸牌可以折叠），要求30秒稳固不倒。以最高的一张纸牌距离桌面的直线高度计算，最高的一组获胜。

【游戏道具】纸牌1副。

【音　　乐】杯子舞

【游戏玩法】根据老师的节奏，模仿传递，由易到难，最后合音乐演绎。

【游戏道具】每人准备1个纸杯。

【美　　术】你画我猜

【游戏玩法】1. 一人在白板上用绘图表示成语的意思。

2. 其余玩家猜绘图所形容的成语。

3. 答对成语次数最多的获胜。

【游戏道具】成语若干、记号笔、白板。

【体　　育】幸运绳

【游戏玩法】8人，2人一组，4人站左边，4人站右边。由右边的人任选一根绳子，老师把绳子另一端打乱，放在地上。哨响后，左边的人以最快的速度选一根认为是自己同伴的绳子并拉绳子，如果拉错同伴，就失败，拉对有奖。

【游戏道具】每组准备1根绳子。

五年级游戏日学科游戏一览表

【语　　文】叠词接力

【游戏玩法】1.教师准备好叠词格式展现给同学们，例如AABB型、AABC型、ABBC型、ABAC型、ABCA型、ABCB型等。

2.同学们根据出示的卡片格式来举出例子，依次轮流，接不上的同学将受到惩罚，表演节目。

【数　　学】巧移火柴棒

【游戏玩法】多人参加，用火柴棒摆算式或摆图形，规定时间内解答，超时算失败，接受惩罚。

【英　　语】Big Wind Blows

【游戏玩法】1.学生围坐一圈，每个学生都有一个相应代表的单词。

2.A：Big wind blows. B：Blows what？ A：Blows…

3.老师说一个单词，代表这个单词的学生则要换座位。假如说"Blows everyone"，则所有人都要换位子。

【道　　法】爱心传递

【游戏玩法】分散3组，5人一组，参与者排成3排横队同时进行游戏，用食指传递一张扑克牌，如中途掉落，则从头再开始传，用时最短传递完的获胜，有奖。

【游戏道具】扑克牌1副。

【科　　学】纸桥承重

【游戏玩法】2人一组，以10张A4纸为材料（可进行裁剪），在半小时内搭建可以承载书本的纸桥。截止时，可以承受的书本重量最大的一组获胜。

【游戏道具】10张A4纸，1卷胶带。

【音　　乐】我爱记歌词

【游戏玩法】请班上演唱功底好的孩子做示范，当到最后一句时，暂停，请其他孩子接唱，唱对歌词就加1分，最后统计分数高的小组获胜。

【美　　术】百变名画

【游戏玩法】1. 裁判出示一幅名画。

2. 玩家展开想象，在原画基础上改画，比如改构图、改造型、改色彩等。

3. 改画效果好且次数最多的获胜。

【游戏道具】名画若干、记号笔、水彩笔、白纸若干。

【体　　育】跳大绳夺帕

【游戏玩法】游戏分成两组，每组4人，每组选1名队员摆绳，其余的人将手帕的一角披在衣领的后面，然后依次跳进大绳，边跳边找机会夺取对方的手帕，先夺到者得分，积分多的组获胜。

【游戏道具】大绳1根，手帕6条。

六年级游戏日学科游戏一览表

【语　　文】我爱记诗词

【游戏玩法】类似于成语接龙的字头接字尾。不同的是要用古诗词的句子来接，比成语难一些。教师在讲台前拿出事先准备好的卡片，全班同学依次轮流进行接龙。

【数　　学】数独

【游戏玩法】每行、列、宫各自都要填上1～9的数字，要做到每行、列、宫里的数字都不重复。

【英　　语】蒙眼猜职业

【游戏玩法】教师准备好一叠卡片，上面写上不同的职业，如teacher、doctor、worker、nurse等。然后叫一位学生到台前，蒙上眼睛。让另一学生抽一张卡片并高举过头，并问蒙眼睛的学生："What am I？""What does he do？"……蒙眼睛的学生可对全班提问："Are you a worker？""Are you a doctor？"……猜得不对全班学生答"No"，猜对则答"Yes"。猜的次数最少的人就是优胜者。

【道　　法】一箭倾心

【游戏玩法】将瓶子平稳地放在地上，游戏者持1根筷子，将手搁在桌子边，要求手的位置与课桌成水平线，对准瓶口后放手，若筷子进瓶口得1分；不进则不得分。比赛时分两组，每组3人，每人5根筷子，两组同时比赛，最后筷子多的一方获胜。（注意：如果持筷子的手明显低于课桌面，投进的筷子不算得分）

【游戏道具】课桌6张、瓶子6个、筷子50根。

【科　　学】纸桥承重

【游戏玩法】2人一组，以10张A4纸为材料（可进行裁剪），在半小时内搭建可以承载书本的纸桥。截止时，可以承受的书本重量最大的一组获胜。

【游戏道具】10张A4纸，1卷胶带。

【音　　乐】创编节奏

【游戏玩法】节奏训练时，用跑与走、快跑与慢走等帮助学生掌握音符的节拍长短。也可以用格子的形式，每个格子代表一个四分音符，分组让学生自己创编，并配上音乐。

【美　　术】百变名画

【游戏玩法】1.裁判出示一幅名画图片。

2.玩家展开想象，在原画基础上改画，比如改构图、改造型、改色彩等。

3. 改画效果好且次数最多的获胜。

【游戏道具】名画图片若干、记号笔、水彩笔、白纸若干。

【体　　育】超级风火轮

【游戏玩法】5人一组，两组同时进行游戏，用废旧的横幅做成一个封闭的大圆环，全体人员站在圆环上，一边走一边滚动圆环，到达终点用时短的队伍获胜，有奖。

【游戏道具】大圆环2个。

我们的节日

盼望已久的"六一"儿童节到了,清早,小鸟在窗外叽叽喳喳地欢闹,仿佛也在庆祝儿童节。上午,我们每个人准备了才艺表演,有动听的歌声,有优美的朗诵,还有幽默的笑话……十分精彩!下午,我们在教室里欢聚一堂,交换零食,大饱口福,教室里传来一阵阵欢声笑语,飘扬在热闹的校园里。今天真是难忘的一天呀!

——喻张妍［一（12）班］

盼望着,盼望着,期盼已久的儿童节终于到来了。一大早,大家都盛装打扮,男生们穿着统一的班服,像一个个彬彬有礼的绅士。老师带领我们开了派对,同学们真是八仙过海——各显神通,精彩的表演迎来了阵阵掌声。下午,我们分享着自己的美味零食,教室里充满了欢声笑语。

——朱卉钰［一（12）班］

伴随着第一节课的铃声,我们班主任吴老师给我们带来了第一个游戏——成语接龙,我和同学们积极参与,玩得非常开心。正当玩得很沉醉的时候,下课铃响了,于是,大家都拿出了准备已久的零食吃了起来,脸上流露出各种美滋滋的笑容。过了一会儿,第二节课开始了,数学老师带着我们玩起了"猜数字"的游戏。首先,老师请了一个小朋友,让他在本子上写一个数字,然后告诉大家在60~70之间,并且告诉大家它是一个单数,让大家自由发挥猜想,大伙儿争抢着报数,场面极其热闹。

——殷雨杨［一（16）班］

节日游戏
放飞儿童快乐梦想 >>

这次的"六一"节太开心了！太激动了！这次的游戏日也让我明白了：不论做任何事情，只要有耐心，多动脑，积累生活中的点点滴滴，一定会成功。感谢学校和老师在这特殊的节日里，不但给我们带来快乐，还让我们学到了课本里学不到的知识。

——席雨萌［二（7）班］

老师让我们一起玩"成语比划猜"的游戏。负责比划的同学个个大显身手，洋相百出，逗得大家哈哈大笑！就这样，美好的一天在欢声笑语中结束了，同学们都说今年的儿童节过得真开心！期待明年的儿童节会更加有趣，更加热闹！

——于子珺［二（14）班］

语文课开始了，语文老师带我们玩的游戏是"正话反说"。"计时开始！"丁老师边说边用戒尺在桌上敲打着给我们报数。"值日生"，我听见"计时开始"下意识脱口而出。"啊？什么？"我的同学一脸懵，傻愣愣地看着我。"快答啊！"唉，我这不给力的同桌，偏偏在关键时刻掉链子。"值日生"，我又报了一次，我的心都快提到嗓子眼儿了，"生日值"，我同桌终于在千钧一发之际说了出来，我那颗吊在嗓子眼的小心脏总算回到原位。在紧张热烈的气氛中，游戏结束了，丁昱彤得到冠军，果然，学霸的游戏功力也是很厉害的。

——蒋王梓［三（2）班］

科学的搭纸牌很好玩，我搭的是一栋房子，很平稳；同桌搭的是雄伟的万里长城，威武雄壮；还有一个同学搭的是高楼大厦，高耸入云，直插云霄。同学们搭的各有各的特色，让人回味无穷。

——陈梓言［三（6）班］

第四章 创意节日游戏

知道我最喜欢什么室内游戏吗？当然是科学课上的叠纸牌了。一掏出纸牌，我的脑袋就飞快地转了起来，搭个长城吧，肯定与众不同！我先把纸牌一张张对折，然后把它们一个挨着一个地立在桌子上，城墙就做好了；接着，再把没有对折的纸牌轻轻地铺在城墙上，哈哈，烽火台也大功告成了。正当我得意洋洋的时候，"哎呀"，窗外的风儿把我辛苦搭的长城吹倒了，看来我没有邀请风儿一起玩游戏，这个小调皮有些生气了呢！

——陆昱烨［三（6）班］

到吹气球的环节了，只见我的同桌在"沉思"着，一会儿拿起绿气球泡看看，一会儿提起白气球泡又丢掉，好似个个不满意。我才不管那么多呢，随便拿来一个黄气球泡，摆好蹲马步的架势，双手紧握泡口，用尽吃奶的力气吹起来，只见它一点一点地变大，从枣般大到灯泡大，再变成皮球大，最后变得跟西瓜一样大了。这时，一个鬼点子油然而生，我把气球放到后面同学的屁股下，等他一坐，结果可想而知，"啪"一声巨响，他一个鲤鱼打挺跳了一下，逗得大家哈哈笑。

——张琳瑶［三（5）班］

"正话反说"这个游戏我最喜欢了。一个人说"马拉车"，我们说"车拉马"。话音刚落，教室里便发出一阵爽朗的大笑。老师说"秋风扫落叶"，有些难，我结结巴巴："叶落扫秋……嗯，不，扫……""叶落扫风秋！"哎呀，老师的"突然袭击"来得太猛了，一时居然把我们给问呆了！

——冒纪沐岩［三（6）班］

指针嘀嘀嗒嗒地响，转眼间，时间来到了数学游戏二十四点。一张张扑克牌铺满了课桌。游戏开始！4人一组，我们闭着眼睛，自信满满地各抽出一张牌，摊开一看，惊了，急忙开动大脑，可还没等我反应过来，同桌——"二十四点之王"就已看出了"玄机"，他率先喊出答案，而后得意洋洋地

拿走牌赢得一局，我气得豆大的汗珠都流了下来。接着又是几轮PK，他的桌面早已堆成了一个宝塔，我的桌面却空空如也。

——谢刘泽宇［三（8）班］

最让我难忘的是"正话反说"游戏。老师说出一个词语，我们必须把它顺序颠倒说出来，而且要在3秒内反应出来。第一轮是三字词语，我心想：这还不是小菜一碟。只见大家都信心满满，跃跃欲试。小许同学站起来，却被一个词语卡住了，他的脸涨得通红，像个红苹果似的，很快就败下阵来，他垂头丧气地坐下来。快要轮到我了，我的心紧张得"咚咚"直跳，手心微微出汗。只见老师扫了一眼讲台，说："作文本。"我愣了愣，紧张地说："本……本文作。"范老师点了点头，对我说："算你过关，下次最好不要重复说一个字。"我松了一口气，坐下来。

——陈瑞涵［三（14）班］

第一个活动是数学的拍七令，场地是教室。只要是报到十位或个位上有7的数字或是7的倍数的，都要拍手，否则就被淘汰。我十分幸运地被选中了，我和其他同学来到了讲台，我心里犹如十五个吊桶打水——七上八下，担心自己说错。我们手拉手形成一条弧线，接着，开始游戏，"1，2，3，4……"一个个数字被报了出来，并时不时出现拍手的声音，每一次我都在心中默念着数字，生怕落入"陷阱"，谁知到37时，我忘了思考，脱口而出"37"，结果我壮烈"牺牲"了。我刚被淘汰不久，又有不少人也被淘汰，他们有的很沮丧，有的很无奈，还有的抿嘴笑了笑……

——庄泽宇［四（5）班］

手工节

如皋市安定小学创意节日之手工节活动方案

一、活动目的

为培养学生动手能力，增强学生思维能力，充分发挥学生的想象力；引导学生全面和谐发展，丰富校园生活。

二、活动时间

7月16日 上午9：50—11：10（一、二、三年级）

下午1：30—3：00（四、五年级）

三、活动地点

各班教室

四、活动负责人

各班班主任＋各年级专职美术组老师

五、各年级活动主题

一年级："各式各样的水果"

二年级："旧纸袋改造——团扇"

三年级："黏土乐翻天"

四年级："罐或壶"

五年级："我做的小设施"

（具体操作流程见各年级活动详案）

六、活动要求

1. 为保障校园安全，活动中使用的剪刀必须要用学生专用的圆头剪刀。

2. 活动后，各班精选"活动照片＋作品照片"共5张，发给德育组长，收齐后各组长打包发给万亚。

一年级："各式各样的水果"

活动准备： 超轻黏土、剪刀、牙签、垫板。

活动过程： 一、图片导入，欣赏观察

1.欣赏不同水果的造型特色。

2.观察每种水果的外形特点。

二、讲授新课

1.水果的好处非常多，我们今天一起来动手制作自己喜欢的水果！观察水果图片，除了了解水果的颜色和形状之外，还需要学习一些制作技法。

2.以梨子作为示范，讲解揉、团、捏、压、插、粘、接的技法。

（1）拿出一块黄色的橡皮泥，揉一揉，团一团。

（2）搓出梨的形状。

（3）插上梨柄。

（4）搓出数粒褐色的小点并粘上。

注意事项： 1.细心观察各式各样的水果图片，掌握不同水果的色彩和外形特点。

2.能够用学会的团、搓、压、插等制作技法，捏塑各种不同的水果形象。

二年级："旧纸袋改造——团扇"

活动准备：购物纸袋、一次性筷子、双面胶、彩色纸胶带/彩色纸、画笔、剪刀（注意用刀安全）。

制作流程：一、准备材料

1. 1个闲置的购物袋。
2. 一次性筷子、剪刀、双面胶、彩色纸胶带、画笔（以水彩笔、马克笔为主）。

二、制作流程

1. 在袋子的整面画1个圆形。（团扇的形状还有很多种，如葵花、梅花、六角、八角、蕉叶、梧桐叶、海棠、马蹄等，可以根据自己的喜好在圆形基础上进行调整）
2. 在扇面上画出自己喜欢的画，古风版、现代式随意哦！
3. 用双面胶将两张纸牢牢粘在一起，粘的过程中记得将一根筷子插入扇中。
4. 用彩色纸胶带包一下扇边，也可用彩色纸裁成长条包上去，顺便将筷子也包成相同的颜色。
5. 还可以装上1根小流苏做装饰呢！

三年级："黏土乐翻天"

手工主题： 用超轻黏土制作一系列的主题作品（卡通小玩偶、海底世界、美食篇、朋友一家亲、美丽的大自然等）。

手工材料： 超轻黏土、硬卡纸2张、剪刀、制作小工具。

卡通玩偶： 动画片里的他们是陪伴我们成长的好朋友，如小黄人、蓝精灵、猪猪侠、熊大、熊二、海绵宝宝、派大星等都给我们的生活增添了无限的乐趣，大家一定要记得将他们制作得更精美哦！

海底世界： 先用蓝色画一个底盘，再制作一些精美的小鱼儿，最后添加一些水草、珊瑚、海星等，注意颜色的搭配。

美 食 篇： 美食对每个小朋友都是充满诱惑的，在制作的时候记得颜色搭配合理！

注意要点： 1.制作立体的造型。

2.用捏、揉、搓、团、压、盘等技法进行制作。

3.能运用点、线、面等元素进行装饰。

4.色彩搭配合理。

5.能熟练运用一些制作工具。

四年级："罐或壶"

手工准备：陶泥、水粉颜料、水粉笔、牙签、垫板。

制作流程：1.用泥条盘筑法或泥片拼接法捏一个有创意的罐或壶。

2.待泥干后，整体涂上白色颜料。

3.待白色颜料完全干后，涂上色彩。

注意事项：1.设计时可以结合动物、植物等有趣的形象。

2.泥块拼接时可以沾一点水，使粘接更牢固。

3.晾干时，不能高温暴晒，要在阴凉的地方阴干。

4.涂彩色前一定要先整体涂上白色。

五年级："我做的小设施"

手工主题： 用生活中你喜欢的各种材料来设计一个公共小设施。

手工材料： 纸箱子至少1个，各种丰富的综合媒材（如吸管、瓦楞纸、旧报纸等）。安全剪刀、双面胶、固体胶、油画棒等工具材料。

范例及分析： 水果店：利用了纸巾盒上的缺口来做，很巧妙。

电话亭：用到了纸碗、橡皮泥、毛线等材料，电话有高矮的设计，方便不同身高的人使用，很贴心，同时也节省了空间。

我们还可以制作公共场所的座椅、消防栓、取款机、公共汽车站、自助公共饮水机……

制作注意点： 1.用适合的材料进行立体造型。

2.用剪、贴、刻、挖等技法造型。

3.用点、线、面等元素进行装饰。

4.小设施结构合理，具有功能性和实用性。

5.小设施造型美，具有观赏性。

6.小设施色彩搭配合理。

7.作品构思巧妙，有创意。

8.能熟练运用工具、材料。

演讲节

如皋市安定小学创意节日之演讲节活动方案

一、指导思想

1. 通过演讲，引导学生畅谈心得、交流思想，在互动中陶冶心灵，分享感受，培养学生出色的口头表达力及缜密的思维力。

2. 通过同一主题的系列演讲活动，让安定学子的演讲能力得到系列化的逻辑生长，全面提升安定小学语文学科的特色品牌。

二、领导小组

组　长：李继东　肖永明

副组长：徐丹阳　周晓芹　张晶煜　王　群

组　员：韩　敏　蔡小燕　陈　燕　刘小燕
　　　　郭夕梅　谢肖艳及各年级语文老师

三、演讲主题及要求

主题："爱"系列

　　一、二年级：我爱我家

　　三、四年级：爱家乡

　　五、六年级：爱祖国

要求：演讲稿要求主题鲜明，内容充实具体，有真情实感，有较强的感染力和号召力。脱稿演讲，演讲时间为3~5分钟。

四、具体安排

第一阶段：10月9日—10月22日

1. 各班布置演讲任务，组织学生收集整理资料，指导学生撰写演讲稿并做

PPT，利用周五的大课间进行班级演讲比赛。

2. 可以邀请家长参加活动，各年级语文组长及时收集整理各班优秀的演讲稿件及照片资料，并上传至学校语文组。

第二阶段：10月31日—11月2日（括号里为活动组织者及颁奖嘉宾）

以年级为单位在同欣剧院组织专场演讲比赛，每班推荐一名选手参加。

10月31日上午　一年级（张晶煜）　10月31日下午　二年级（王群）

11月1日上午　三年级（张晶煜）　11月1日下午　四年级（王群）

11月2日上午　五年级（徐丹阳）　11月2日下午　六年级（周晓芹）

总 协 调：徐丹阳

活动协调：张晶煜　王群

具体负责：各年级组长

电子屏PPT：蔡小燕（同一风格，不同色泽）

场地、音响：马永

拍照、摄像：各年级自行安排

安全疏导管理：周涛

奖状200张：朱祥

奖　　品：徐丹阳

五、演讲评分规则

1. 评分方法：比赛采取10分制，评委现场打分，以平均分为最后得分。

2. 评分标准：

（1）演讲内容（4分）：紧扣主题，充实生动，有真情实感，富有启发性，有号召力。

（2）表达方式（4分）：要求脱稿演讲，普通话标准，精神饱满，表达流畅，感情处理得当，动作得体，感染力强。

（3）仪表仪态（2分）：仪表端庄，着装自然大方，讲究礼仪。演讲时间控制在3～5分钟内。

六、奖项设置

本次活动分年级组进行评奖。各年级组设一等奖2名，二等奖4名，三等奖若干名。现场颁发奖状和奖品。一等奖，奖励图书卡50元；二等奖，奖励作家签名图书1本；三等奖，奖品另设。

七、活动经费预算

一等奖人数：21人，每人40元左右的奖品——书。

二等奖人数：21人，每人20元左右的奖品——书。

三等奖人数：75人，每人10元左右的笔袋一个。

合计：2 250元左右。

八、活动资料的收集与汇总

1. 报道稿：张晶煜

2. 照片及视频资料：王群

3. 纸质资料、评分表整理：蔡小燕

4. 微信推送、网络推介：各年级语文组长

附件一：奖项设置及奖品安排

一年级：

参赛选手：21人

一等奖4人，奖品：《我和小姐姐克拉拉》（全3册）

二等奖4人，奖品：《一年级的小豌豆》

三等奖13人。

二年级：

参赛选手：22人

一等奖4人，奖品：《布罗镇的邮递员》《猜猜我从哪里来》《季悠然和她的猫》

二等奖4人，奖品：《我爸爸》

三等奖14人。

三年级：

参赛选手：21人

一等奖4人，奖品：《森林报》（4套）

二等奖4人，奖品：《十万个为什么》

三等奖13人

四年级：

参赛选手：18人

一等奖3人，奖品：《十岁那年》《佐贺的超级阿嬷》

二等奖3人，奖品：《谁动了我的奶酪》

三等奖12人

五年级：

参赛选手：18人

一等奖3人，奖品：《兔子坡》《森林王子》《花颈鸽》《本和我》《铁路边的孩子们》《秘密花园》

二等奖3人，奖品：《森林报》（春夏秋冬共4本）

三等奖11人

六年级：

参赛选手：19人

一等奖3人，奖品：《一个人的村庄》刘亮程

二等奖3人，奖品：《猫头鹰开宴会》杨红樱

三等奖13人

第四章　创意节日游戏

103

附件二：评分表

如皋市安定小学第五届演讲节评分表

班级	姓名	得分	评委

风车节

如皋市安定小学创意节日之风车节活动方案

一、活动目的
为提高学生的综合素养，引发学生的兴趣、好奇心，增强动手能力，学校以"风车"为主题，举办了首届风车节活动。

二、活动时间
9月14日—16日

三、活动地点
各班教室

四、活动对象
全体学生

五、活动过程
（一）识风车，长知识（9月14日）

各班召开班会，让学生了解风车的有关知识，知道风车的起源，简单的做法，等等。

（二）做风车，齐创造（9月15日）

在家长或老师的指导下，发挥想象力，制作风车。

（三）玩风车，乐体验（9月16日）

比一比，谁的风车更有创意？谁的风车转得快？在操场上尽情玩风车，体验风车带来的无限乐趣。

六、活动要求
1. 为保障校园安全，活动中使用的剪刀必须要用学生专用的圆头剪刀。
2. 活动后，各班精选"活动照片＋作品照片"共5张，发德育组长，收齐后各组长打包发万亚。

梦想节

如皋市安定小学创意节日之梦想节活动方案

一、活动目的

少年儿童从小要立志向、有梦想，通过活动让孩子们实现自我，激发心中的创造梦、科技梦、报国梦等。

二、活动时间

10月12日—10月16日

三、活动地点

安定讲堂、同欣剧院

四、活动对象

全体学生

五、活动过程

（一）活动宣传准备阶段（10月12日）

本次活动由"梦想画室""梦想剧场""梦想达人秀"三场主题活动组成，各班学生自行选择其中一项参加。

（二）班级初选（10月14日）

班主任老师可邀请年级的专业老师一起进行班级初选，从形式、内容等方面，每场主题活动评出前两名，参加学校的终极评选。

（三）终极评选

梦想画室　（10月15日上午）

梦想剧场　（10月15日下午）

梦想达人秀（10月16日）

每场主题活动将评选出"大梦想家"数名，并颁发证书。

六、活动要求

1. 所有班级要高度重视，积极引导学生参与活动。
2. 活动中，安全工作由班主任老师牵头负责。